2021 年上海市重点图书
徐永祥文集

社会工作发展论

徐永祥　等　著

華東理工大學出版社
EAST CHINA UNIVERSITY OF SCIENCE AND TECHNOLOGY PRESS
·上海·

图书在版编目(CIP)数据

社会工作发展论/徐永祥等著. —上海: 华东理工大学出版社,2021.11
(徐永祥文集)
ISBN 978-7-5628-6557-5

Ⅰ. ①社… Ⅱ. ①徐… Ⅲ. ①社会工作-研究 Ⅳ. ①C916.2

中国版本图书馆 CIP 数据核字(2021)第 220610 号

项目统筹/刘 军
责任编辑/张 云 秦静良
装帧设计/徐 蓉
出版发行/华东理工大学出版社有限公司
地址:上海市梅陇路 130 号,200237
电话:021-64250306
网址:www.ecustpress.cn
邮箱:zongbianban@ecustpress.cn
印 刷/江苏凤凰数码印务有限公司
开 本/890 mm×1240 mm 1/32
印 张/7.75
字 数/172 千字
版 次/2021 年 11 月第 1 版
印 次/2021 年 11 月第 1 次
定 价/58.00 元

前　言

2019年2月21日凌晨，中国社会工作重建的开拓者、中国社会工作教育协会会长、国际社会工作教育联盟委员、上海高校智库“社会工作与社会政策研究院”院长、华东理工大学社会学与社会工作学科的奠基人徐永祥教授因病医治无效，在上海与世长辞，享年64岁。徐永祥教授于1982年从南京大学哲学专业硕士毕业后到华东理工大学（其前身为华东化工学院）任教直到辞世，他将自己的后半生全都奉献给了华东理工大学。

徐永祥教授是华东理工大学社会学与社会工作学科的奠基人，他一直致力于探索社会学、社会工作学的学科自觉和实践建构。1995年，他与曹锦清等同仁一起开始筹建应用社会学研究所和社会工作系，并于次年正式建系，招收社会学专业硕士研究生和社会工作专业本科生。华东理工大学社会工作系是教育部直属高校首个社会工作系。社会工作系的成立体现了徐永祥教授和曹锦清教授等老一辈学科带头人的高瞻远瞩，为社会工作在华东理工大学的发展奠定了坚实的基础。华东理工大学社会与公共管理学院社会学科在徐永祥教授和曹锦清教授的带领下，逐渐凝练出“国情、实证、介入"的办学宗旨。用中国社会工作教育协会前任会长王思斌教授的话来讲,"徐永祥教授是中国社会学、社会工作恢复重建的重要开拓者,较早推动社会学、社会工作学科在一所理工科高校生根发芽,让华理社会工作在全国,甚至全世界都这么有名。徐永祥教授是第一人,他立下了第一功,再怎么肯定他的贡献都不为过"。

徐永祥师从胡福明教授,积极践行导师秉持的"实践是检验真理的唯一标准"的重要学术精神。他早年一直在探究马克思主义,尤其是对邓小平理论"两课"改革做出了突破性探索,对于推动邓小平理论更好地在高校教育和实践指导中发挥作用做出了杰出贡献。2000年以来,他大力倡导"参与式行动研究",注重对社会科学实践进行自觉的提炼,注重对学术话语权的倡导,注重发挥社会学和社会工作学的社会建构功能,从而更好地应对中国社会发展所面临的深层次问题。徐永祥教授专门论述了大变革时代社会学、社会工作学的学科使命,强调两者都是以"社会"为中心,研究和解决市场经济条件下的社会问题、追求社会秩序与团结、实现社会公平与正义、提升人民群众福祉的科学。他一直认为,在中国,社会学、社会工作学自诞生以来就是天然、内在地联系在一起的学科。他强调,社会学、社会工作学应立足于自己学科的"社会"属性,在研究中国和世界问题的过程中实现理论自觉、做好理论建构,在面向现实社会问题时致力于实践的建构,在实践中不断推动社会建构、社会进步和社会发展。社会学、社会工作学在本质上是实践的,它们不仅仅在于解释世界,更在于改造世界。

徐永祥教授毕生致力于探索形成一种实践社会科学范式。他直面中国社会转型的重大问题,致力于通过科学研究和专业介入以寻求宏观改变，并对这些改变保持了足够的理论自觉，发表了不少有影响力的学术成果，承担了国家社会科学基金重大课题，提出了“社会体制改革”“政社分工与合作”“三社互动”“社区治理共同体”等一系列重要的前瞻性论断。在全面深化改革的背景下，他提出将“以经济建设为基础、以社会发展为中心、以民主法治为保障”作为中国今后改革开放和现代化进程的基本方略的建议，这无疑是具有实践智慧的创新。这里的逻辑在于，经济建设是社会发展和政治建设（民主法治建设）的前提和基础，但是，经济建设并不是根本目的，最终还是为了社会的更好发展；同时，政治建设或民主法治建设是经济建设和社会发展的必要保障。

徐永祥教授是中国社会工作重建的开拓者，在学科建设、实践推进、专业教育、科学研究、社会服务、国际交流以及人才培养等方面都做出了突出贡献。

20 多年来，在学校领导的大力支持下，在徐永祥教授的带领下，华东理工大学社会工作学科形成了“教学、科研、实践、政策”四位一体的专业发展模式，目前已拥有从本科教育到博士教育的完整教育体系，是国内师资队伍规模较大、科研实力较强的教学科研团队。

自 1996 年起，徐永祥教授参与上海社区发展和社区体制改革，他以研究推动实践创新、以实践发展提炼学术智慧，其代表作之一《社区发展论》（曾重印 10 余次）提出并论述了“亚社区”“政社不分”等重要概念，正是聚焦实践的学术成果。2003 年，在他的倡导下，国内首批三大社会工作社团（自强、新航、阳光）成立，他还担任自强服务社的理事长，带领全系教师积极参与，这是国内社会工作专业实践制度化的肇始。2008 年汶川地震发生后，他第一时间推动上海社会工作者参与灾后重建,组建华东理工大学社会工作服务队(这是全国第一支进入灾区的社会工作服务队,受到时任国务院总理温家宝同志的高度赞誉),并在都江堰市建立了四川省第一个社会工作机构,积极推动了社会工作在西部地区的发展。自2009年起,他分别在深圳等珠三角地区和上海等长三角地区成立研究与评估机构,推动珠三角、长三角的社会工作和社会创新,大大提升了华东理工大学社会与公共管理学院在粤港澳大湾区和长三角一体化战略中的影响力。徐永祥教授也因此被评为2011年度中国社会工作"十大社工年度人物"。2013年,由他领衔的"社会工作与社会政策研究院"入选上海高校智库,这是国内首个社会工作专业智库。在他的支持下,智库还开辟了中印比较、国际发展等新的研究方向。

徐永祥教授自1999年起担任中国社会工作教育协会副会长,协助会长王思斌教授推动中国社会工作教育和实践的发展。自2016年当选中国社会工作教育协会会长以来,他马不停蹄地东奔西走,几乎每个周末都在外地开会。他不辞辛劳,为的是支持各个学校的社会工作专业发展。他和王思斌教授、关信平教授、马凤芝教授等一起精心筹划并组织近200家社会工作院系参与精准扶贫。他奔波于高校对口扶贫的农村地区第一线,念兹在兹的就是扩大社会工作的专业影响及其在乡村振兴进程中的专业贡献。

20世纪90年代,华东理工大学社会工作系与香港城市大学合作培养社会工作专业学生。学院自2002年起就选派学生到香港实习,这项工作延续至今。华东理工大学与香港理工大学合作举办的中国社会服务管理硕士学位教育项目培养了近百名优秀人才,其中不少人成为活跃在长三角、珠三角社会工作和公益慈善领域的领军人物，担任各类机构或组织的会长、副会长、秘书长。

从2007年起，徐永祥教授推动华东理工大学社会与公共管理学院组织召开多次国际会议，邀请国外知名专家来访，推动学术交流与互动。从2008年起，他在国际社会工作教育联盟前主席、香港理工大学原副校长阮曾媛琪教授的支持下参加国际社会工作教育联盟（IASSW）的学术活动，2010年他被推选为联盟执委暨中国国家代表，在国际社会工作界发出了中国声音，积极向国际社会工作共同体介绍中国社会工作发展经验。阮曾媛琪教授这样评价他："徐永祥教授一生秉持中国心，在积极推动中国社会工作走上国际舞台、发出中国声音、促进国际对话与合作方面做出了杰出贡献；徐永祥教授是一位名副其实的大家，我们将继续沿着他所开辟的道路前进，社会工作历史也将铭记他所做的重大贡献。"他通过自己的努力促进了社会工作领域同行之间的对话与交流，推进了中国社会工作的学科自觉、实践自觉、理论自觉和文化自觉，增强了中国社会工作在世界上的影响力。

需要特别提及的是，从1999年起，徐永祥教授及其夫人姚璎女士（当时在华东理工大学出版社工作）一起推出了国内首套"社会工作与管理丛书"和"社会工作名著译丛"，在业界有非常大的影响，社会工作由此成为华东理工大学出版社的出版品牌。他还主编了"社会工作流派译库""社会工作与社会政策智库论丛"等多套书系，极大地促进了社会工作学科出版事业的发展。

徐永祥教授从教37年间，始终奋斗在教学与科研第一线，他以人才培养为使命，鼓励学生理论联系实践、积极介入并推动社会发展，先后培养了100余名硕士、博士研究生，为国家输送了一大批栋梁之材。

他以哲学家的睿智、社会学家的视野、社会工作学家的行动，在这个伟大的时代里留下了自己的印记。多少年后，当后辈书写中国社会工作发展史的时候，“徐永祥”这个名字必将会一遍遍地被提起。

他的离世，是学界的巨大损失。一个人的生命是有限的，但他对社会工作的热情、坚守和愿景展望可以激励一代代的年轻人投身到社会工作中。他求索实践取向的社会科学范式，是推动社会工作、社会学和社会政策发展的重要学术智慧和精神遗产，也必将激励后辈学人持续深耕。

为了纪念徐永祥教授，传承其学术思想，督促后辈继续完成他开创的事业，华东理工大学社会与公共管理学院将他生前绝大多数学术思想论述进行整理，并由华东理工大学出版社结集出版，形成《徐永祥文集》(五卷本)，分别是《社会发展论》《社会治理创新论》《社区发展论》《社会组织发展论》《社会工作发展论》。文集中的每一本都聚焦于他生前关注的核心理论和实践议题，它们虽各有侧重，但相互关联。《社会发展论》是徐永祥教授最早的学术思想汇集，他从哲学角度阐释了社会发展的相关思想，也为他后续的学术思想奠定了哲学基础。《社会治理创新论》是徐永祥教授集中阐释社会治理、社会建设等重要思想的学术成果汇编。他是较早强调政社分工与合作、社会治理创新的学者，同时，他积极提倡从“以经济建设为中心”的发展思路向“以经济建设为基础、以社会建设为中心”的发展思路转变，这体现出他内心强烈的社会关怀。其余三部可以合起来称为徐永祥教授的“三社”思想，即社区、社会组织和社会工作方面的研究成果。他最早阐释了“三社联动”思想，并为上海乃至全国推进社会体制改革提供了积极的指导。《社区发展论》是徐永祥教授关于社区发展的专著，从2001年出版至今，已经先后重印了10余次，曾被社会学家费孝通誉为“近年来写得最好的社区研究著作”。《社会组织发展论》汇集了徐永祥教授有关社会组织发展的研究成果，尤其是他近年来提出的具有社会理性导向的“新社会组织”等新型概念，可以与目前较为宽泛的社会组织含义相区别。他创办了专门致力于社会创新、公益事业发展的第三方评估机构，以推动“第三次分配”。《社会工作发展论》是徐永祥教授对社会工作教育、理论、政策和实践“四位一体”内容体系的建构和阐释，他既立足于本土实际，又具有国际视野，为中国社会工作走向国际化、促进国际交流做出了积极贡献。

最后，需要指出的是，由于徐永祥教授匆匆离世，他的很多学术成果尚未完全公开发表，本次《徐永祥文集》汇编中的部分文章是他与学生合作撰写的。在此我们要特别感谢为文集出版做出贡献的徐选国、侯利文、曹国慧、胡兵、刘振以及各位研究生同学，感谢华东理工大学出版社的同仁为文集出版付出的辛勤工作。由于编撰过程中需要对历时几十年的文献进行整理，难免会出现一些纰漏和错误，敬请读者指正和谅解。希望徐永祥教授的学术思想能够继续助推中国社会学、社会工作向前发展。

《徐永祥文集》编委会

编写说明

徐永祥教授是中国社会工作重建的开拓者之一。他致力于推动中国社会工作实践本土化和中国社会工作学科发展，在社会工作学科建设、社会工作实践推进、社会工作理论研究以及社会工作专业教育等方面做出了卓越的贡献。

《社会工作发展论》首次系统地整理和收录了徐永祥教授一生进行社会工作学术研究的绝大部分成果。全书共有17篇文章，其中有的是他独著而成的，有的是他带领、指导学生共同撰写而成的。可以说，本书既是徐永祥教授社会工作学术研究的结晶，也是他社会工作教学的成果。

全书分为三部分。上编介绍社会工作理论探索，汇集了徐永祥教授在社会工作理论研究方面的5篇文章，主要探讨了中国社会工作的本质特征、中国社会工作的发展路径、中国社会工作的理论建构以及中国社会工作的研究范式，是他在社会工作学理层面的思考。中编介绍社会工作实务研究，汇集了徐永祥教授在社会工作实务研究方面的8篇文章，涉及社区社会工作、司法社会工作、灾害社会工作等多个领域，是他所倡导的参与式行动研究在实践中付诸运用的总结。下编介绍社会工作学科建设,汇集了徐永祥教授在社会工作学科建设方面的4篇文章,主要研究社会工作学科建设、社会工作教育、社会工作职业化以及社会工作与社会学的关系等诸多同社会工作学科发展密切相关的议题,是他社会工作学科建设思想的呈现。

《社会工作发展论》是对徐永祥教授社会工作学术思想的汇总。书中的文章对于我们了解他的学术思想,深化对社会工作理论的认识,理解中国社会工作本土化路径,以及推动我国社会工作学科建设,等等,都有着重要的借鉴意义和指导作用。同时,本书中每一编的文章都以时间为线索进行梳理,能够真实地反映我国社会工作的历史进程,也是我们总结社会工作历史经验的重要参考文献。

目　录

上编　社会工作理论探索

中编　社会工作实务研究

下编　社会工作学科建设

上编 社会工作理论探索

本编所收文章均为徐永祥教授在社会工作理论层面的探索，共有5篇学术论文。其中，《社会性、主体性与社会工作知识结构及实务模式的反思性建构——来自福柯的启示》是对中国社会工作研究范式、知识结构和实务模式的学理思考；《中国社会工作的生成路径与发展困境——基于历史制度主义的分析》和《历史分期与理想类型：中国社会工作百年兴衰的历史考察》是对中国社会工作历史轨迹和未来走向的宏观思考；《社会工作学科的先行者：里士满学术思想述评——写在〈社会诊断〉问世百年之际》和《专业性与社会性的互构：里士满社会工作的历史命题及其当代意义》则是徐永祥教授在主编《玛丽·埃伦·里士满社会工作全集》的基础上撰写而成的，文章通过提炼、总结里士满社会工作思想来反思当下中国社会工作存在的现实问题。

中国社会工作的生成路径与发展困境

——基于历史制度主义的分析[①]

刘　振　徐永祥

从马甸会议算起，社会工作在中国恢复已有整整 30 年。其间，我国社会工作教育取得了长足进展，社会工作的研究和实务能力也有了明显提升。社会工作的快速发展引起了学界的广泛关注，社会工作现存的问题和未来的走向也成了讨论热点。但已有研究大多是在对恢复之后社会工作的宏观格局和发展轨迹的阐述中讨论社会工作的问题与走向，对于社会工作生成路径的探讨则有所忽略。基于此，本文尝试将中国社会工作的恢复过程纳入历史制度主义制度生成的框架，对改革开放以来中国社会工作的生成路径进行历史性考察，以此反思中国社会工作的发展困境及未来走向。

① 本文曾发表于《天府新论》2017 年第 5 期，此次收录略有修改。

一、研究对象与分析框架

（一）研究对象：作为一种制度的社会工作

社会工作是现代社会不可或缺的一项重要制度。就广义而言，作为一种社会福利制度安排，社会工作制度是一个包含着多方面制度的综合体；就狭义而言，作为一种专业社会工作制度，我国的社会工作制度是一种以专业人才为核心的制度。“尽管社会工作人才制度还不是社会工作制度的全部，但是从当前我国发展社会工作的实际进程和主要任务来看，社会工作人才的培养、评价、使用和激励确实是我国社会工作制度建设的核心。”[1]本文主要是在狭义层面上，对以人才建设为核心的专业社会工作制度进行研究。社会工作制度由三个部分组成，分别是社会工作教育培训制度、职业评价制度和人才使用制度。[2]我国是社会工作后发展国家，社会工作呈现“教育先行”的特点，这三种制度也是依次而生的，形成了社会工作制度的三个发展阶段：首先，确立了社会工作教育培训制度，即高等教育制度与职业培训制度；其次，逐渐形成了社会工作职业评价制度，即社会工作的职业认证；最后，出现了社会工作人才使用制度，即社会工作人才岗位的设置。

（二）分析范式：历史制度主义视域下的制度生成

虽然历史制度主义兴起较晚，但在新制度主义的重要流派中，真正从政治科学传统中发展起来，最早成为方法论意义上的新制度主义并产生影响的就是历史制度主义。[3]作为一种对 20 世纪 60 年代、70 年代盛行的行为主义和“宏大理论”的反动，历史制度主义既不是一种纯粹的宏观结构理论,也不是一种微观行为理论,而是一种连接着宏观与微观的中层理论。

在制度生成理论上,历史制度主义融合了谢茨施耐德的“冲突分析框架”和理性选择制度主义的分析框架。历史制度主义认为,制度起源的动力来自旧制度①引发的冲突,任何一种既有制度(旧制度)都是一种可能引发两种集团(行为者)之间冲突的制度,而环境的变迁又会为新制度的产生提供机会与可能。因而,历史制度主义在考察制度起源和变迁时主要涉及三个变量:旧制度、环境、行为者。[4]对于制度的产生,在这里不得不提的一个概念就是“路径依赖”。历史制度主义者认为,产生于特定背景中的旧制度对以后的制度发展具有决定作用。“一旦一个国家或地区沿着一条道路发展,那么扭转和退出的成本就非常昂贵。即使在存在着另一种选择的情况下,特定的制度安排所筑起的壁垒也将阻碍着初始选择时非常容易实现的转换。”[5]对于这种制度形成后具有的自我强化和自我学习机制,历史制度主义称之为路径依赖。下文中,笔者将社会工作的产生纳入历史制度主义的分析范式,通过社会工作产生前的旧制度、改革开放所带来的环境变迁以及行为者在两种选择上的“冲突”三个变量间的关系来分析我国专业社会工作的生成路径,并借用路径依赖的概念对此进行解读。

---

① 本文中的“旧制度”指的是“新制度”产生前的一种既有制度。一方面,“旧制度”承担着与“新制度”接近的社会功能;另一方面,两者在结构、形式、内容、功能与功效等方面又存在着一定的异同。需要指出的是,两者并无优劣之分,也不是非此即彼、缺乏合作的关系。

二、社会工作的生成路径：新制度与旧制度“接轨”

（一）旧制度：计划经济时期的民政制度

“历史制度主义更倾向于从一个充满制度的世界之中去探测一种新制度是如何产生的。”[6] 历史制度主义者并不承认制度真空的存在，在他们看来，任何一种制度产生之时都存有一种先在的制度，即旧制度。在社会工作产生之前，民政工作作为一种本土社会服务供给机制，承担着维护社会稳定、化解社会矛盾的责任，我国社会工作的恢复在很大程度上受到了既有的民政制度与民政部门的影响。不乏学者将民政制度看作我国社会工作制度建构的基础和起点。[2] 因而，某种程度上我们可以把民政制度看作社会工作产生前的旧制度，对它进行梳理和考察。中华人民共和国成立以后，基于国家治理、经济发展、社会稳定的多重需要，中央人民政府借鉴解放区的工作经验，建立健全民政制度和民政职能部门。1949 年 9 月 27 日，中国人民政治协商会议第一次会议通过的《中华人民共和国中央人民政府组织法》第十八条规定，设立内务部。同年 11 月 7 日，内务部正式成立，同时地方各级人民政府相应设立了管理民政工作的职能机构。这些地方的民政部门受同级人民政府统一领导，并接受内务部的业务指导。诚如第一任内务部部长谢觉哉所言：“民政是对非民政说的，内务是对外务说的。凡属人民的政事，如没专业部门管的，就都归民政部门管。”[7] 由于中华人民共和国成立初期特殊的历史背景，当时的民政部门职责较广，其主要任务是生产救灾和地方政权建设，同时，解决民国时期遗留下的大量社会痼疾，诸如资遣国民党军散兵游勇、取缔妓女、禁毒、改造游民等。后来,随着国家的稳定,民政部门的职能有所调整。至1954年第三次全国民政会议,内务部基本完成了工作调整,确立了政权建设、优抚安置、农村救灾、社会救济等方面的主要工作任务。1969年,内务部被撤销,地方民政部门也相继被裁撤。由于主管部门的缺失,民政工作遭到严重破坏,民政工作的职能与效能逐渐被分散、弱化,民政制度进入"断裂"期。对于改革开放以前民政工作的性质与职能,时任国家副主席朱德在全国第一次民政会议上提出:"政府的民政部门,犹如党的组织部门一样,党的组织部门是党在组织工作上的助手,而政府的民政部门是政府在组织人民群众工作上的助手。在民政部门工作的同志,应把组织群众作为自己的重大任务。"后来,朱德又对此进一步阐述:"民政部门就是人民群众的组织部,党员干部有什么困难就找组织部,人民群众有什么困难就找民政部门。"[8]由此不难看出,当时的民政制度是一条党和政府解决社会问题、联系基层群众、服务基层群众的纽带。从民政工作的主体来看,中国的民政工作机构一开始就是一种国家行政事务管理组织,是凌驾于社会之上的国家机构;从民政工作的内容来看,当时民政工作的范围较为广泛,而且与百姓的生活息息相关,是一种"政府全包式"的民政工作;从民政工作的方式来看,民政部门是以一种自上而下的行政性方式开展工作的,具有强烈的政务属性。可以说,当时的民政制度是一种具有浓厚计划经济色彩的制度,民政部门的职责和功能都是强化当时的国家结构。[9]

(二)环境的变迁:旧制度压力的产生

1978年3月5日,第五届全国人民代表大会第一次会议做出决定:恢复民政制度,设置中华人民共和国民政部,指导全国的民政工作。民政部继承了原内务部的大部分职能,设立了办公厅、政治部、优抚局、政府机关人事局、农村社会救济司、城市社会福利司、民政司七个司局级单位，不久又增设信访局，并负责指导中国盲人聋哑人协会的工作。虽然民政制度经历了近10年的“断裂”期，但在社会工作的恢复时期，作为一种本土社会服务机制的民政制度依然存在于社会服务的制度领域。改革开放以后，国家对政治、经济和其他各方面的政策都做出了重大改革，开始实行一套全新的改革开放政策，社会主义市场经济体制取代了原有的计划经济体制。“经济转轨、社会转型”的过程，同样带来了工业化与市场化所附属的“意外性后果”。20世纪80年代，虽然大规模的国有企业改革还没开始，但改革开放初期许多举措也导致了社会结构的重组。计划经济时期的总体性社会格局逐步被打破，社会结构开始分化，新的社会问题逐渐增多。同时，包揽一切的“单位制”已经开始瓦解，社会体制改革却仍未起步。中国社会正处于一个旧的整合机制已经“失灵”而新的整合机制尚未建立的“断档”期。因此，计划经济时期民政工作的制度逻辑已经很难适应结构性变化所带来的社会需求。正是这样一种“制度环境”改变给当时的民政工作带来了困难和压力，使社会工作得到了恢复的机会与可能。作为传统社会整合机制的民政部门，开始在制度层面思考改革与创新的路径。

（三）行为者的选择：旧制度演进抑或新制度引入

历史制度主义认为，面对内外压力，旧制度往往会分化成两股力量，在两者的冲突中产生新制度。同样，面对改革开放所带来的社会问题，当时的民政部门具有两种选择：旧制度的演进和新制度的引入。所谓旧制度的演进是指对原有制度做进一步的改造与提升，这是一种民政工作的专业化趋势，可以被看作一种行政社会工作的发展;所谓新制度的引入则是指改变原有的制度模式,实现旧制度的全面转型,这是一种民政工作社会化的改革,可以被看作一种专业社会工作的发展。

在历史制度主义的视域中,旧制度并不是毫无生机或没有任何进步动力的,其同样也具有一套自我演进的机制。由于民政工作中断了十几年,加之改革开放后社会问题的复杂化和多样化,改革开放初期民政干部相应的能力、素质存在不足,并不能很好地组织开展民政工作。在这种情况下,作为民政工作专业化的必要元素,民政教育无疑是民政制度演进的一条重要途径。1978 年,民政部恢复成立以后,很快就把举办民政干校、开办培训班的事情提上日程,将干部教育作为提高民政工作效率和质量的有效手段,以应对复杂的现实问题。1983 年 4 月,第八次全国民政会议在北京召开。针对当时民政干部人数偏少、年龄偏大、文化程度偏低、调动频繁的状况,会议提出:“要加强在职干部轮训和培养工作,争取在三五年内把民政系统的干部轮训一遍;要积极举办民政干校,民政部争取在全国范围内筹办几所民政干部专业学校,定向招生,定向分配,以提高民政干部队伍的政治素质和业务素质,逐步解决民政干部的来源问题。”[10]会议对民政干部教育培训做了具体部署。会议结束后,民政部决定将民政部干部学校改为民政部管理干部学校,设两年制干部专修科,并举办各种短期培训班。随后,民政部又在华北、华中、中南、西南分别建立了天津民政学校、济南民政学校、长沙民政学校、重庆民政学校,一些省、自治区、直辖市也逐渐开办了干部学校、职业学校[11],从而结束了民政部门长期没有高校和专业学科的历史。

对于改革开放以来产生的一条列新的社会问题,一些领导干部开始思考民政工作的全面转型。“要变社会福利事业由民政部门一家独办为动员、依靠社会力量共同来办;要变‘双扶’(扶助贫困户、扶助军烈属)对象单纯依靠国家拿钱供养为用有效手段帮助他们治穷致富。”[12] 随即,民政工作社会化的口号被明确提出,民政工作除了要发动群众以外,还必须动员社会各部门和各种社会力量参加。救灾是这样,扶贫和安置工作也是这样。[13] 在这样一种民政工作“社会化”观念的影响下,一些干部开始走出去,学习和考察较为成熟的民政工作经验。1984 年,民政部组团赴我国香港考察,考察团先后考察了香港的社会福利制度、各类服务机构以及包括香港大学在内的五所高校。1986 年,时任民政部部长的崔乃夫带队赴美国、加拿大考察,考察了美国和加拿大的社会工作教育模式;1987 年 5 月,时任民政部人事教育局副局长的李宝库与民政部管理干部学院副院长陈良瑾等又赴北欧考察社会工作教育状况。[14] 在这些考察中,民政部领导表明了以开放的心态和国际化的视野改革社会福利制度的决心,提出了发展社会工作的建议。

(四) 社会工作教育: 新制度与旧制度的“交集”

伴随着民政教育培训的恢复,民政工作理论化、专业化的要求逐步提高。1983 年,《民政部关于开展民政理论研究工作的通知》提出,民政工作理论研究“必须突出重点,有步骤、有计划地进行……根据研究的需要,要注意积累和交流资料,并要积极同有关的学术研究单位、大专院校联系配合,交流情况,相互合作,取长补短,取得更大成效”。同时,民政部也认识到,就理论提升和改革实践来说,民政工作理论需要一个比较稳定、系统的科学体系。于是民政部在 1984 年举办了全国民政工作师资培训班,组织相关人员编写了《民政概论》并把它作为教材，明确提出了民政工作"学科化"的建设目标。时任黑龙江省民政学会副会长章俗提出了建立有中国特色的民政学科的建议。他认为，"建设具有中国特色的社会主义民政事业的任务，迫切需要适应当代科学发展的高度分化与高度综合的新趋势，进行充分的理论准备。其直接意义在于，一是推进改革，二是形成自身的学科体系"。[15]

对于当时民政工作"专业化""理论化"甚至"学科化"的要求，社会工作尤其是社会工作教育成为一个很好的抓手。时任民政部副部长李宝库认为，"在中国搞马克思主义哲学的有艾思奇，搞历史的有范文澜、翦伯赞，搞文学的也大有人在。但在中国，真正意义上搞社会工作、搞社会工作教育的老祖宗还没出来呢！有知识、有本事的人，应该出来，应该到民政来，这是一片未开垦的处女地"。[14]当时社会学专业在中国已经恢复。社会学界普遍认为，应用社会学（社会工作）与民政工作有着密不可分的关系。1983年，雷洁琼在民政部召开的全国民政工作理论讨论会上，从民政工作的对象、性质、任务及其历史和现实状况等方面阐明了"民政工作就是社会工作"的观点。[16]此后，她又进一步论述"民政工作就是具有中国特色的社会工作"。1984年，费孝通在民政部召开的座谈会上提出"民政工作和社会学是一家"。后来他又撰文指出，民政工作同社会学这一学科是有密切关系的，不能分开。[17]更有甚者，如湖北省社科院的李明开、严家明直接提出了"社会工作应当为民政工作服务"的观点。他们认为，民政工作确实需要社会学的理论和方法。社会学尤其是作为应用社会学的社会工作，可以为提高民政管理水平和工作效率服务、为民政调查的科学化和现代化服务、为民政工作对象的思想政治工作科学化服务、为创立民政学学科服务。[18]

由此我们不难看出，当时民政工作寻求专业化发展的需要和社会工作服务于民政工作的想法相契合，这为社会工作专业的恢复奠定了基础。同时，我国作为社会工作后发展国家，受限于当时的经济与社会发展水平，社会工作教育成为社会工作服务于民政工作的重要途径。换言之，在当时社会工作教育是新制度与旧制度“交集”的情况下，“教育先行”成为我国社会工作起步的一个很好的选择。1987 年 9 月，民政部邀请教育系统的一些专家、学者在位于北京马甸的对外经济交流中心召开了社会工作发展论证会——马甸会议。此次会议确认了社会工作专业的学科地位，使中断了 30 多年的社会工作教育得到了恢复，成为新时期中国社会工作的起点。

三、社会工作发展之困：缺乏“自主性”的嵌入

（一）新制度为旧制度服务：一种缺乏“自主性”的嵌入

通过上文对我国社会工作生成路径的归纳，我们可以看出，改革开放以后社会体制改革相对于经济体制改革的滞后，以一种“问题倒逼”的形式使民政部门在旧制度的演进与新制度的引入之间进行选择。教育培训制度在当时成为新旧制度的契合点，使社会工作以一种新制度嵌入旧制度的形式得到了恢复。社会工作自产生起就处于一种嵌入性发展的状态。正如王思斌所言，专业社会工作是嵌入原来的社会服务领域之中并谋求发展的，嵌入性是专业社会工作在中国生存和发展的重要特征。[19]但是，这么一种结构意义的嵌入只是一种新制度为旧制度服务的状态，是一种缺乏“自主性”的嵌入，随着社会工作的发展逐渐显现出诸多问题与困境。

马甸会议之后,社会工作很快得到了恢复,但当时民政部的主要目标是培养一些具有社会工作专业知识的人才到民政部门从事民政理论研究,并不是培养具有社会工作实务能力的一线社会工作者。[20]因而,社会工作的恢复只是被当作"培训制度"服务于民政工作。无论是民政工作学科化的要求,还是应用社会学、社会工作为民政工作服务,都以强化民政制度为核心,是一种紧紧围绕着旧制度演进的改革。对于旧制度与新制度的选择,当时的民政部显然还是站在了旧制度这一边,只是旧制度的"专业化"需求让专业社会工作和行政社会工作"暂时"走到了一起。这样一种"搭便车"式的简单合作,虽然不能达到"互构性演化"的效果[21],但是为日后两者张力的产生埋下了伏笔。1992年邓小平南方谈话以后,随着市场经济快速发展,第三部门逐渐发育起来,社会工作机构陆续产生,即出现了专业社会工作的"社会载体"。专业社会工作逐渐开始成长、成熟,具有了一定的"自主性"需求和要求。虽然专业社会工作与行政社会工作在解决社会问题、维护社会稳定的目标上具有一定的共性,但是专业社会工作在发展逻辑和具体运作策略上与行政社会工作大相径庭。就社会工作的主体而言,专业社会工作以作为第三部门的社会工作机构为服务的主体,不同于行政社会工作由政府部门直接开展社会服务工作;就社会工作的方法而言,专业社会工作以一种自下而上的服务方式开展工作,不同于行政社会工作以一种自上而下的行政方式开展工作;就社会工作服务的内容而言,专业社会工作是有针对性地开展服务工作的,不同于行政社会工作的"政府全包"。因而,行政社会工作与专业社会工作在社会体制改革与市场经济进一步发展中,开始凸显行政性与社会性的张力:在社会服务实践中产生了社会工作机构成为“二政府”、社会工作者被同化为行政事务协管员等种种现象[22]，出现了外部服务行政化、内部治理官僚化和专业建制化等多重问题。[23]至今，专业社会工作与行政社会工作的关系尚未被厘清，社会政策中仍带有浓厚的计划经济时期的特点。[24]

（二）路径依赖：嵌入性困境的成因

在历史制度主义看来，制度的生成与变迁并不是突然发生的，而是在历史传统基础上的延续和继承，具有明显的路径依赖特征。具体而言，路径依赖强调的是历史进程中某个重要制度、结构、社会力量、重大事件或其他关系对当前制度所产生的方向、内容、模式方面的同质性与依赖性影响。[25]我国社会工作发展处于一种嵌入性发展的状态，且存在专业社会工作“自主性”缺失的困境，正是因为对计划经济时期民政制度的路径依赖。在社会工作恢复时期，受计划经济时期“政府包办”式的民政制度的制约，虽然有领导干部提出了民政工作“社会化”的思想，但社会工作恢复的初衷仍只是作为一种教育制度用以培训民政干部。自邓小平南方谈话之后，虽然第三部门得到了一定程度的发展，且为社会工作的发展提供了组织载体，但是计划经济时期政府自上而下的问题解决方式仍然存在，群众心中“有困难找政府，有问题找组织”的社会记忆犹存。因而，政府在处理社会事务、解决社会问题中仍处于绝对优势地位，政府对社会工作机构依然做不到绝对的信任，政府部门与专业社会工作机构更是不易实现“对等”合作。时至今日，专业社会工作很大程度上仍是一个为行政社会工作服务的“工具”，只是服务的方式不再是单纯地以教育培训制度的形式存在。

综上所述，由于对计划经济时期民政制度的路径依赖，专业社会工作在很大程度上仍未获得相对独立的社会服务空间和应有的社会服务实践权，也缺乏处理重大问题的能力，更是得不到社会的认可，因而出现了上述种种问题与困境。而我们现在要做的则是打破路径依赖，实现社会工作的自主性发展。

四、“镶嵌式自主”：社会工作发展的新范式

虽然历史制度主义认为，当一个政府项目或组织开始沿着某一条路径发展时，那些最初选择的政策就会按照一种惯性或趋势一直延续下去。但是在历史制度主义的视域中，制度并没有想象得这么“黏”，通过强大的压力，路径依赖仍是可以改变的。对于中国社会工作发展中的路径依赖，改变的途径并不在于强大的外部政治压力，而是社会工作“自内而外”的社会自主性的发育。作为顶层设计的“强制性变迁”，只能带来一种缺乏自主性的嵌入，社会工作真正发展的动力则是来自底层驱动的社会自主性。

这里需要强调的是，本文对于社会自主性的理解并不等同于自主性嵌入，而是一种镶嵌式自主。所谓自主性嵌入，是指专业社会工作力量独立自主地进入社会服务领域并发挥作用，它可以不受或少受主体社会服务系统的支配，而相对独立地开展活动、发挥作用。[19] 自主性嵌入将社会自主性的来源认定为国家的权力让渡，蕴含一种国家少管一分、社会就强大一分的思想，潜在地把社会放在了与国家对立的位置上。而镶嵌式自主的概念则与此不同。埃文斯针对“国家自主性”提出镶嵌式自主。他并不认为官僚体制干预社会活动越多，国家自主性就越强，就越容易取得成功。相反，他指出，仅以干预社会活动来获得官僚自主性是不够的，而且也不能获得真正的自主性，官僚体制必须镶嵌于社会关系中与社会相

连接，只有官僚自主性与社会镶嵌性相结合，国家才能获得真正的发展。[26]笔者认为，对于社会自主性而言，并不一定国家干预社会活动越少，社会主体的自主性就越强，两者应是相互依存的。因而，社会自主性培育的重心并不仅仅在于政府权力的让渡，同样也包含社会责任与自主能力的培育。如果社会没有自主的责任意识和自主的实践能力，那么即便国家赋予了社会权力，社会也不能很好地使用，因而并不能实现真正的自主。前文提到的社会工作发展中存在社会工作机构变成了“二政府”、社会工作者变成了协管员等诸多问题便是最好的例证。社会自主性的实现在很大程度上取决于社会和国家各自权力与责任的合理划分。作为与“权力”相辅相成的概念，“责任”的落实在一定程度上会影响“权力”的实现。只有在权力实现和责任承担的双向维度中，在“强国家”与“强社会”相互依赖、共同发展的基础之上，社会自主性才能得以实现。就社会工作而言，我国社会工作的发展不能仅仅寄希望于实现政府权力让渡基础上的自主性嵌入，更需要的是建立在社会工作“责任”和“能力”发展基础上的“镶嵌式自主”，从而增强社会工作的“责任意识”、增长社会工作的“实践智慧”、实现社会工作的自主性发展。

专业社会工作在我国恢复已有 30 年之久。虽然 30 年来社会工作取得了斐然的成绩与卓越的进步，但由于对计划经济时期民政制度的路径依赖，行政社会工作与专业社会工作至今仍然关系“暧昧”，专业社会工作处于一种缺乏自主性的嵌入状态。针对这种“暧昧”关系，已有不少学者尝试为中国社会工作寻求新的突破点。有学者试图从专业性、本土性以及社区公共性这一线索展开对当代社会工作本质的建构[27]，并在此基础上提出中国社会工作的社会性转向。[28]学界对于社会工作“社会性”的关注,可能是对社会工作自主性何以实现的一种有效探索。

中国自古有“三十而立”之说,可以说,现在已经到了培育社会工作自主性、打破路径依赖的关键节点。值此纪念马甸会议30周年之际,笔者撰写此文,在探究社会工作生成路径、阐明社会工作发展困境的基础上,提出了社会工作镶嵌式自主的发展范式。在此权当抛砖引玉,希望能够引起学界对于社会工作自主性及其背后深层逻辑机理的关注。

参考文献

[1] 王思斌.我国社会工作制度建设分析[J].广东工业大学学报(社会科学版),2013,13(5):12-18.

[2] 葛道顺.社会工作转向:结构需求与国家策略[J].社会发展研究,2015(4):1-23,238.

[3] PETERS B G. Institutional theory in political science: the new institutionalism[M]. London and New York: Wellington Horse, 1999.

[4] 何俊志.结构、历史与行为[M]. 上海:复旦大学出版社, 2004.

[5] PIERSON P. Increasing returns, path dependence, and the study of politics[J]. The American Political Science Review, 2000, 94(2): 251-267.

[6] 北京天则经济研究所.中国制度经济学年会论文集[C].北京:北京天则经济研究所,2003.

[7] 崔乃夫.当代中国的民政(上)[M].北京:当代中国出版社,1994.

[8] 中央人民政府内务部办公厅.第二次全国民政会议文件汇编[C].北京:人民出版社,1954.

[9] 袁华音.民政工作与社会工作趋合论[J].社会学研究,1993(4):53-60.

[10] 民政部政策研究室.民政工作文件汇编[C].北京:地质出版社,1984.

[11] 崔乃夫.当代中国的民政(下)[M].北京:当代中国出版社,1994.

[12] 胡国华,云杉.当好社会的后卫:崔乃夫谈新形势下民政工作的新对

策[J].瞭望周刊,1985(5)：16－17, 1.

[13]　崔乃夫.民政工作的探索[M].北京：人民出版社,1989.

[14]　王婴."马甸会议"对中国社会工作发展的影响[J].中国社会工作,2009(3)：36－37.

[15]　章俗.关于民政学科建设问题[J].学术交流,1986(2)：66－68.

[16]　雷洁琼.雷洁琼文集[M].北京：开明出版社,1994.

[17]　卢谋华.中国社会工作[M].北京：中国社会出版社,1990.

[18]　李明开,严家明.社会学应当为民政工作服务[J].探索,1986(3)：56－58.

[19]　王思斌.中国社会工作的嵌入性发展[J].社会科学战线, 2011(2)：206－222.

[20]　王婴,唐钧.多角色互动构建均衡"社会气场"：基于中国社会管理的专业发展视角[J].人民论坛,2011(14)：124－126.

[21]　王思斌,阮曾媛琪.和谐社会建设背景下中国社会工作的发展[J].中国社会科学,2009(5)：128－140,207.

[22]　费梅苹.政府购买社会工作服务中的基层政社关系研究[J].社会科学,2014(6)：74－83.

[23]　朱健刚,陈安娜.嵌入中的专业社会工作与街区权力关系：对一个政府购买服务项目的个案分析[J].社会学研究,2013,28(1)：43－64, 242.

[24]　王思斌.体制转变中社会工作的职业化进程[J].北京科技大学学报(社会科学版),2006(1)：1－5, 12.

[25]　刘圣中.历史制度主义：制度变迁的比较历史研究[M].上海：上海人民出版社,2010.

[26]　EVANS P B. Embedded autonomy：states and industrial transformation[M]. Princeton：Princeton University Press,1995.

[27]　徐选国.从专业性、本土性迈向社区公共性：理解社会工作本质的新线索[J].社会科学战线,2016(8)：184－193.

[28]　徐选国.中国社会工作发展的社会性转向[J].社会工作,2017(3)：9－28,108－109.

社会工作学科的先行者：里士满学术思想述评

——写在《社会诊断》问世百年之际①

徐永祥　刘　振

农业社会没有也不需要现代意义上的社会工作。社会工作是现代市场经济的必然产物，是解决市场经济条件下社会问题的重要社会工具。19 世纪末，随着市场经济和工业化在西方国家的快速发展，社会工作应运而生[1]。但社会工作成为一门学科或学问，则以 1917 年玛丽·埃伦·里士满（1861—1928）的《社会诊断》（*Social Diagnosis*）一书的出版为标志。这是第一本从理论和实践方面详细介绍社会工作的专著，曾经引领美国社会工作教育、理论与实务领域 20 年之久[2]，为社会工作的学科化、专业化奠定了坚实的基础[3]。国际学术界普遍将其视为专业社会工作的发端[4][5][6]。从全球的角度来看，时至今日，作为一门学科、专业的社会工作已经走过了整整百年的历史。从我国的角度来看，自 1987 年马甸会议算起，社会工作的恢复与重建也走过了 30 年的历程。然而，在我国社会工作学科建设的 30 年中，学术界对社会工作学科的奠基人里士满的学术思想少有

① 本文曾发表于《学术界》2017 年第 11 期，此次收录略有修改。

问津,知之甚少。值此社会工作学科发展100年及《社会诊断》问世100年之际,本文尝试梳理里士满的社会工作思想历程,勾勒里士满社会工作思想的逻辑理路,在史海钩沉中再述里士满的重要地位,希冀引起我国学术界对社会工作早期人物及其著述的重视,从而更好地推动我国社会工作学科和理论的发展。

一、里士满社会工作思想的转变历程

里士满是美国历史上慈善组织运动的著名领导者,也是一位社会工作理论家,更是社会工作专业的创始人。正是由于她的推动,社会工作专业才得以产生并迅速发展起来。她的学术生涯转变也折射出西方慈善事业向专业社会工作转变的特点。

1861年,里士满出生于美国伊利诺伊州贝尔维尔市。这是一个贫困问题蔓延、重大疾病滋生的年代,她是家里唯一存活下来的孩子。3岁时,里士满随父母搬迁到巴尔的摩,但不久父母皆死于肺结核,里士满由亲戚抚养长大。由于家庭经济条件的限制和家人对当时教育政策的反对,寄人篱下的里士满到11岁时才得到进入学校学习的机会,此前她只能在家中零星阅读书籍,而且没有成年人给她学习上的指导和帮助。里士满16岁毕业于巴尔的摩东部女子高级学校,随后跟随阿姨在纽约生活、工作。她的第一份工作是在纽约一家出版社做校对和杂务工作。之后,随着阿姨身体状况的恶化,加上在纽约生活的拮据,里士满不得不于1880年回到了巴尔的摩,在店铺、企业中做一些杂务工作。

(一)巴尔的摩时期(1889—1900):社会工作教育的倡导

1889年,一次偶然的机会,里士满加入了以有效济贫、协调救济为目标的慈善组织会社。里士满在该慈善组织会社里担任助理会计，主要负责会计和宣传工作。这期间，里士满高度认同慈善组织会社的理念，并在各社区巡回演讲30余次。除了行政职责之外，她还自愿作为一个友好的访问者，参与一线服务工作。由于业绩突出，她于1891年被任命为巴尔的摩慈善组织会社总监。此后，里士满更加注重各种推广活动，开始了慈善工作学科化与专业化的探索，以求更好地服务于受助者。

基于高效应对贫困的思虑，美国慈善组织会社一直具有"科学慈善"的美名。不过，当时所谓"科学慈善"仅是将贫民分为值得帮助和不值得帮助两大类，同时运用一些慈善组织间协调、互动的方法。在巴尔的摩的慈善活动中，里士满很快意识到了这种"科学慈善"的非专业性问题，认识到当时美国慈善事业的杂乱无章问题……而缺乏专业知识定然会妨碍这个新领域的发展[7]。简言之，慈善事业也是需要专业化和职业化的行业。显然，专业化是慈善事业科学化、职业化的前提。基于这一认识，里士满愈来愈重视慈善事业专业化的教育工作。在巴尔的摩慈善组织会社工作期间，里士满对员工进行了大量的个人培训：组织员工彻夜地阅读和讨论，为员工编写教学手册，促成各地区建立民政体系的图书馆，为友好访问员开设简要的课程[8]。1897年，她应邀在多伦多的全国慈善组织和校正会议中发表了题为《应用慈善实践中专业培训的必要性》(*The Need of A Training School in Applied Philanthropy*)的演讲。在演讲中，她提出了慈善工作者专业化教育的观点："在这种专业化的日子里，我们训练我们的厨师、我们的药剂师、我们的工程师、我们的图书管理员、我们的护士——实际上，这里的培训学校几乎每一种技术服务都有。我们都还没有建立起第一个为慈善工作者培训的学校，或者，我更愿意称之为应用慈善机构的专业培训。”[9]在里士满的提议和倡导下，1898 年，慈善组织会社开办了慈善暑期学校，为志愿者与友好访问员提供了大批的暑期研讨班和培训课程；成立了第一个社会工作专业训练学校，并最终发展成了哥伦比亚大学社会工作学院。

有了社会工作教育的开展，就有了经验总结与理论研究的需要，社会工作书籍也就成了经验传递最好的载体。从发现过往“科学慈善”的问题以来，里士满就希望能够将慈善事业科学化、组织化，并发展出一套得以世代传承的慈善工作方法与技巧。经过几年的搜集整理，1899 年里士满的第一本著作《贫困中的友好访问：慈善工作者手册》(*Friendly Visiting among the Poor: A Handbook for Charity Workers*)出版了。书中开宗明义地发问：“慈善工作者必须摒弃自己原来对于贫困者的传统看法，认为这些贫困者要么是不自爱的需求，要么是不自然的感激……当人遭遇痛苦和有需求时，我们必须干预。那么，为什么不能有效干预呢？为什么不能尽我全力来清除造成需求的原因呢？”[10]《贫困中的友好访问：慈善工作者手册》一书正是通过大量的事实和例证汇总了实际工作经验，进而回答如何有效干预的问题。该书可以被看作里士满早期实际工作经验的结晶。但书中的论述只是停留在慈善社会工作经验和技巧传递的层面，并没有提出核心的概念和系统化的理论模型，故而未能实现社会工作知识的科学化。因此，《贫困中的友好访问：慈善工作者手册》只是一本经验性的指导手册，并没有被学界看作社会工作专业的开山之作。

（二）费城时期(1900—1909)：慈善资源的拓展

1900 年，巴尔的摩慈善组织会社已经逐渐步入正轨，受到各界的好评。此时，里士满转任费城慈善组织会社总监，着力于费城慈善组织会社的重组与改造工作。任职费城慈善组织会社之初，里士满就面临诸多难题：会社支会各自为政、个案记录一无是处，工作量分配不均、资金不足，甚至连最基本的服务都无法有效完成[11]。里士满最初将其归因为各慈善组织之间缺乏协调。里士满在整顿巴尔的摩慈善组织会社会员培训等多方面的改革，加强了慈善组织间的协调合作，进而提升了慈善组织的实务能力。但在费城的工作经验使里士满逐渐感觉到所谓“慈善合作”并不仅仅是慈善机构间的协调与互动，“慈善资源”概念的内涵有必要进一步拓展与补充。“慈善合作领域不应该仅限于慈善机构之间的合作，而应该拓展到影响贫民生活的方方面面。这一观点对贫民而言似乎是不言而喻的，但对这一观点的积极接受，标志着慈善机构的思考方式在最近发生了重要改变。”[12]进而，里士满将所谓的“慈善资源”从慈善机构拓展到影响贫民生活的所有方面。这时的里士满认识到，能够为慈善事业服务的资源不能仅限于慈善机构本身，而应将贫民身边所有的资源纳入“合作”的框架之内。里士满将个人的慈善资源扩大到家庭资源、个人资源、邻里资源、市政资源、私人慈善资源、公共救济资源六个部分。这六个部分的各种资源依照一定的顺序构成一个同心向外的资源体系，而慈善问题的核心就是链接个人的自然资源，使其再回到家庭之内[12]。此外，里士满特别强调社区资源的重要性，把社区资源也归为公共救济的重要资源[13]。1907年，里士满探讨如何有效利用社区资源的《现代城市的好邻居》（*The Good Neighbour in the Modern City*）一书出版发行，此书的实用风格使其受到社会工作者的热情追捧。此外，大力的宣传使其同样受到了牧师、医师、教师、法官、律师、警务人员、地方法官、公民团体等其他行业人士的好评。该书一经出版就发行了十多万册[11]。

（三）纽约时期(1909—1922)：从技术到理论的转变

1909年年初，里士满应邀担任纽约市拉塞尔·赛奇基金会(Russell Sage Foundation)慈善组织部主任。这使里士满从忙碌的组织改造工作中解脱出来，可以专心从事教育与研究。在这里，她总结了20年来从事慈善工作的方式方法，并将具体实务经验加以概念化整理，初步形成了个案社会工作理论。可以说，在里士满的努力下，这一时期社会工作从一种简单的方法技术开始向系统化的理论知识过渡，这一时期也是慈善工作向专业社会工作转折的关键节点。里士满后来回忆指出："15年前，我开始做笔记，搜集例证，甚至为一本有关家庭社会工作的书草拟了几个章节。我这么做是希望将前人认为有效的方法解释并传承给将来从事慈善组织事业的年轻人，但是我很快就发现，任何单独的方法都不能解决求助家庭所有类型的问题。"[14]转任基金会慈善组织部主任之后，随着研究时间的逐渐增多，里士满逐渐意识到，虽然几年来自己在个案社会工作的实践中已经获得了一定的基本实务经验，并且可以据此开展社会工作教育活动，但这些还远远不够，缺乏理论上的总结会妨碍社会工作专业化的进一步深化。里士满认为，如同其他的专业性服务，社会工作也具有普遍的规律，即社会工作理论。在纽约工作时期，她所做的种种研究的目的正是从复杂、多样的社会工作实务经验中抽象出个案社会工作的一般规律。

在这里，里士满开始思考她15年前的疑问："对于其他诸如内科医生和律师等从业者，他们都具备行业基本知识。如果一个神经学家同一个外科医生进行交流，他们彼此都会认为对方精通各自领域里的全部基础科学知识、基本原理或约定俗成的经验。但是，社会工作者掌握的基本知识是什么呢?”[14]面对如此难题，里士满引入了专业化程度比较高的医学模式，并且积极加强社会工作与医学的联系[15]。里士满认为，开展慈善活动前进行社会调查的目的不仅仅在于确定一个家庭是否需要慈善组织的帮助，社会工作者还需要通过调查发现问题的根源所在。她说：“我们所要知道的并不是病人是否得病，而是这个人为什么会得病，进而会给病人开具治疗方案、安排手术……如果病人有幸遇上一个经验丰富的医疗专家，可以找到他真正的问题所在。”[16]不仅如此，里士满还将社会调查分为实验研究和临床研究，指出社会帮扶必须注意个体间的差异，因此临床方法也是必要的。“我们有很多新奇的想法碰撞到了一起，我们对这些想法都很有信心，投入很大的热情把想法运用到实际中去，但有些时候并不是很合适。以实际结果的标准衡量，我们对新发现的运用是笨拙的，我们对治疗方法的初步调查和预期应达到的效果也相去甚远。临床调查是治疗的一部分，是第一步，但也是造成这个后果的最重要的原因。”[16]基于此，里士满认为，慈善培训学校培养社会工作者，一定要在一开始的时候训练他们使用所有这些临床调查的能力，进而发展出一门社会工作技术，即“社会诊断”①。

① 里士满所谓的“社会诊断”不是简单的社会调查，而是个案社会工作中一个承上启下的重要步骤，是设计服务计划的必要准备，也是实现有效社会治疗和社会服务的前提条件。从慈善组织会社关注是否值得救济的“社会调查”到里士满注重社会证据、进行问题分类、分析社会环境影响的“社会诊断”，这是早期社会工作科学化、理性化的关键所在。参见：RICHMOND M E. Social diagnosis[M].New York：Russell Sage Foundation Press，1917；SPECHT H，COURTNEY M E. Unfaithful angels：how social work has abandoned its mission[M].New York：The Free Press，1994.

在提出“社会诊断”概念的时候，里士满还指出，如果要制定“社会诊断”的基本原理，其应涵盖每一个社会工作者都涉及的领域，并且能够在了解、精通这些基本原理之后进行必要的修正[14]。带着这样的思考，里士满对她多年来主持并从事慈善组织会社的实地工作经验进行整理、分析，提出了社会工作“调查—诊断—治疗”的方法模型：首先，运用各种方法收集资料；其次，像诊断病人一样发现问题所在；最后，找出合适的方法解决问题。1917年，以社会工作最重要的步骤环节命名的著作《社会诊断》得以出版。此书首次将社会工作的方法与技巧加以概念化、系统化的整理，从而使社会工作从个案经验提升到理论知识的高度，它也成为后世公认的第一本社会工作专著。

1922年，里士满的又一力作《个案社会工作是什么》(*What is Social Case Work? An Introductory Description*)问世。与《社会诊断》不同的是，这本书已经不再是个案社会工作实践经验的归纳、提炼，而是回答什么是个案社会工作以及论述社会工作存在的必要性，并且针对个案社会工作的基本定义、总体构成、行动范围、哲理基础等主题做了深入的探讨。值得指出的是，20世纪20年代心理学已经有了一定程度的进展，弗洛伊德精神分析理论开始传入美国。受到精神分析学的影响，《个案社会工作是什么》偏重心理分析，关注心理问题对人们的影响，人格发展成了社会工作的最终目的[17]。尽管从今天的角度来看，过于强调心理分析和人格发展的理论是有明显缺陷的，但当时里士满将经验型的社会工作引入科学和理论研究的轨道，推动社会工作走向专业化、学科化的贡献是不言而喻的。

（四）垂暮之年（1922—1928）：社会立法的转向

晚年时期，里士满致力于通过自己的研究和行动来推动美国婚姻法的改革。年逾六旬以后，由于身体的原因，里士满参与社会服务活动日渐减少，多是在家中办公。这时，她开始关注对婚姻法的研究。将里士满吸引到这个领域的最初的原因，是她曾在家庭福利协会工作中遇到了技术与理论难以解决的问题。“在家庭福利协会——纽约州慈善组织会社——的个案工作委员会中，我们首先会关注的是有关婚姻经营的问题。在那里，我们发现许多夫妻关系不良的案例。虽然我们并不能确定所有这些问题的原因所在，但可以被确定的部分似乎已经超出了任何技巧能够解决的范畴。很显然，大量夫妻关系不良的案例都可以追溯到不合理与不作为的婚姻法。”[18] 虽然当时法律层面的改革极少受到人们的关注，但里士满认为这个问题是可以研究或值得研究的，并提出了修改婚姻法的建议。

1925 年，里士满和弗雷德·S.霍尔共同撰写了探讨青少年婚姻的专著《童婚》（*Child Marriages*）。这本书试图阐明童婚现象对个人、后代和家庭生活等方面所造成的不良社会影响，认为童婚主要由家庭保护不足、不幸的家庭境况、剥削和欺诈、企图逃离义务教育、经济和就业条件等社会因素导致，而法律和行政方面的改革可消除童婚现象。该书写道：“目前，联邦政府对于婚姻的管理将会使实际工作完全处于混乱的状态。……诚然，有关婚姻的法律是不时更新的，但是迄今为止，对其具体实施的关注几乎是微乎其微的。让我们从现在开始，从根本上巩固那些此前描述过的不幸儿童（童婚儿童）的福祉。对此，没有什么是比当地的结婚许可证办事处更好的起点了。过去，有太多的年轻人在这里感受到了州政府的权威给他们带来的悲惨遭遇。”[18]

《童婚》只是里士满研究婚姻和立法改革的开始。之后，里士满开始写作《婚姻与国家》(*Marriage and the State*)一书，对婚姻立法进行了更深入的研究，从更加宽泛的视角揭示了影响婚姻的社会因素，指出一系列微观层面的婚姻问题应由政府和国家从宏观层面通过立法改革予以解决。她强调：“婚姻并不是一种‘像其他任何一种契约’的契约。它是一种权利，每个人都有义务。这是一份区别于其他合同的契约，为了个人的福利和公共福利，它必须包含其他合同不要求考虑的政府条件。这些条件规定了血缘关系及关联程度，通过设定结婚年龄下限来保护未成年人，尽力防止婚姻中的欺诈行为，保护婚姻不受传染病的影响，同时也反对强迫和胁迫。这些都不能由个人或任何非正式组织来完成，而应通过国家、政府来完成。”[19]在写作期间，里士满的身体状况加速恶化，她开始不断地往返于各家医院之间，甚至搬进了马萨诸塞州布莱顿的一家养老院里休养。但即使如此，里士满也仍然坚持《婚姻与国家》的撰写，并在1927年10月4日带病参加在布法罗召开的美国家庭生活会议，发表了生前最后一次倡导婚姻法修订的演讲《社会与婚姻关系》。1928年9月，里士满在纽约的家中去世，后人将其埋葬在她社会工作思想的萌发地——巴尔的摩，《婚姻与国家》则由后人于1929年整理出版。

二、里士满社会工作思想的逻辑理路

前文已对里士满社会工作思想历程进行了简要梳理。我们从中不难看出，在里士满慈善思想转变的过程中，社会工作的学理架构也日渐清晰。从社会工作教育的倡导，到社区资源的利用，到社会工作理论的提升，再到社会立法的转向，这几次思想的跳跃也正体现着从慈善工作到社会工作的蜕变。那么，这些思想进程背后有着怎样的逻辑体系？这里，笔者尝试从以下四个维度去勾勒里士满的社会工作思想的逻辑理路，即：为何产生社会工作思想（生成背景）？如何产生社会工作思想（方法论基础）？产生了怎样的社会工作思想（本质内涵）？如此社会工作思想如何运作（实践逻辑）？

（一）工业化与城市化：里士满社会工作思想的生成背景

诚如恩格斯所言："社会一旦有了技术上的需要，这种需要就会比十所大学更能把科学推向前进。"[20]对于同样可以被称作"科学"的社会工作亦是如此。19世纪中后期，第二次工业革命在美国开始并逐步深入发展，美国很好地把握住了这次机会，在经济生产中大量运用新的科学技术，这有力地促进了经济的发展，美国不久即成为世界强国之一。但急速的工业化、快速的城市化对美国的社会结构也造成了不小的冲击，一系列社会问题随之而来：失业、低工资、超时劳动、重大疾病……这些问题困扰着城市中的绝大多数人。但当时美国收容救护主义的济贫制度并无太大的改善，慈善事业效率低下、浪费问题凸显，人们普遍缺乏筹措资源和重塑生活的能力。正是在这一背景下，慈善工作专业化的思想得以萌发，而打着"科学慈善"旗号的慈善组织会社在美国也蓬勃发展起来。放在这一背景下来看，里士满的个案社会工作思想对科学、理性的追求，与当时工业社会的发展要求是一致的[21]。因而从某种程度上我们可以说，里士满社会工作思想的产生是对美国快速工业化、城市化所带来的社会问题的一种回应。

（二）行动研究：里士满社会工作思想的方法论基础

实践属性是社会工作的本质属性，社会工作的产生与发展无不与实践活动息息相关。从《贫困中的友好访问：慈善工作者手册》到《社会诊断》再到《个案社会工作是什么》，这些里士满基层实践智慧的结晶，充分显示了一个从实践经验到理论知识提炼的过程。其实，里士满的社会工作"实践"中已经隐含了"行动的理性"，这意味着她不仅关注理论的建设，而且注重"从实践中获取""在实践中改变"。可以说，里士满的社会工作思想就是在社会工作实际经验和理论知识的互动中产生的，是一种"知行合一"的行动研究[22]。行动研究的理论意义在于，研究不应该仅仅局限于追求逻辑上的真，更应该关怀道德实践的善与生活取向的美，理性只有返回生活世界才能获得源头活水，研究是为了指导人们立身处世的生活实践。可以说，里士满的社会工作思想无一不是对她所主持、组织社会工作的实践经验的提炼和总结。里士满长期坚持收集社会工作实务经验资料并对其进行归纳总结，进而从中抽象出社会工作的方法和原则。同时，为了超越一般的个人经验，里士满又在理论提升的基础上，再回到实践中加以应用、验证、调试，进而对案例的成功或失败进行批判性反思。如前文所述，里士满将这种从经验到理论，再从理论回到经验的方法形象地比喻为"临床研究"。因而，行动研究可以被看作里士满社会工作思想的方法论基础，换言之，里士满社会工作思想因行动研究而产生。

（三）社会关系的调整：里士满社会工作思想的本质内涵

何为社会工作？社会工作是不是一个专业？这些是社会工作自诞生就存在的问题。在里士满看来，回答上述问题，首先要明确社会工作的专业特质及其与其他行业的异同。虽然里士满的专业社会工作开始于个体化的社会服务，即个案社会工作，但她将个案社会工作的介入对象定位为案主的社会关系，而非案主本身。与一般的慈善工作不同的是，社会工作并非只是以个人为中心的救济工作，而是一种以社会关系为对象的服务工作，“调查—诊断—治疗”，社会工作的每一个环节之中都渗透着社会关系的作用。在社会调查中，社会关系是信息的主要来源；在社会诊断中，要把案主的问题放在社会（关系）环境中来理解；在社会治疗中，社会关系更是介入、调适的主要对象。所以，里士满将个案社会工作定义为：“个案社会工作是一个发展人格的过程，这个过程是在个人性格受到影响后，有意识地调整人与人、人与社会环境之间的关系。”[23]不仅如此，里士满还强调指出，个人处于一种社会关系网络之中，社会关系是案主问题的主要来源，而社会工作者要做的就是通过改善他们的社会关系，达到个人与社会的良性互动，进而实现人格的发展。在她看来，这正是社会工作的本质所在，相较于医生、警察、教师等以微观个体为服务对象的职业，社会工作的独特之处就在于其对社会关系的关注。在这个意义上，“社会工作是对司法、医疗和教育的一种补充”[14]。

（四）微观与宏观之间的“双重运动”：里士满社会工作思想的实践逻辑

很多人认为，里士满深受慈善组织会社宗旨的影响，相信造成贫穷的是个人因素而非社会因素，但事实并非如此。当时社会改革的热情支配着整个美国社会，作为慈善组织会社领导人的里士满也认识到，以个人为对象的服务只是一种缓和策略而已，无法真正解决问题，只有“消除贫困”才是根本途径。可以说，里士满也是一位社会改革的推动者。她在批评市政腐败的同时，组建了宾夕法尼亚州的儿童劳动委员会,推动了《儿童劳动法》等改革法案的通过,推动了青少年法庭的设置和儿童局的建立,推动了精神衰弱妇女儿童保护机构的立案,推动了慈善组织间合作机制的建立,推动了社会立法,等等[24]。在里士满看来,社会改革也是社会工作不可或缺的一部分,前文提及的《童婚》和《婚姻与国家》中对婚姻法进行修改的论述就是最好的例证。

当然,里士满并非一味地强调宏观层面的社会改革,在具体的社会工作实践中,里士满认识到区分个案社会工作和社会改革的必要性。如何实现个案社会工作的社会价值,厘清个案社会工作与社会改革两者之间的相互关系成了里士满所关注的问题。早在1905年,里士满发表了题为《零售法的改革》(*The Retail Method of Reform*)的经典演说,表明她的社会工作基本立场和实践逻辑。里士满将以个人为对象的个案社会工作和社会改革比喻为"零售法"和"批售法",并指出两者之间互动的逻辑关系。里士满认为,个案社会工作是社会改革的原动力,社会改革必须从微观的具体事实出发,社会改革要想有效达到个人层面,绝对需要个案社会工作,因为个案社会工作是社会改革的重要一环。"健康、全面的改革运动通常以零售法开始,然后再次回到正轨,形成两条向上推动的曲线,向下拉动一个整圆。"[25]这样一种从微观到宏观,以实现两者之间互动的改革运动,里士满称之为"双重运动",并一直贯穿于其思想的始终。

三、结论与讨论:社会工作的本质属性

里士满是第一个对慈善组织运动倡导的社区友好访问活动进行科学整理的研究者[26]。她把所谓"科学化服务"提升到理论的

高度，从而使社会工作不再是一种“纯伦理”的慈善事业，而是成为一门专业[27]。里士满提出了个案服务模式，强调通过对个体和家庭的调查获得“社会证据”，从而对有各种精神层面问题的个人及其家庭成员进行有效的干预，实现服务对象个体特征的改变[28]。这为早期实证主义社会工作传统奠定了基础。可以说，精神分析、认知行为、任务中心等社会工作理论都是从里士满“社会诊断”的病理思想中演化而来的。[29]

诚然，里士满作为社会工作早期创始人，其社会工作思想仍具有很大的局限性，但百年之后重新审视里士满视域下的“社会工作”，对于探寻社会工作的本质仍不乏重要的学术意义和现实意义。在里士满看来，对“社会关系”的关注是社会工作的独特性所在。她所谈的“社会关系”包括以下两个方面的含义：一方面，它是案主的人际关系网络；另一方面，它是案主与社会环境、社会制度之间的关系。按照里士满的解释，无论是微观层面的个体治疗还是宏观层面的社会改革，社会工作介入的主要对象都是案主背后的社会关系，而非案主本身。我们可以看出，社会工作在诞生之初就不仅仅是一种以专业化的方式服务于具体个人的微观方法，也不仅仅是一种以制度调整的形式追求公平正义的宏观改革，其实质是通过“社会关系”这一核心要素做到宏观与微观层面的联结和互动。或者说，在里士满的理解中，社会工作的本质就是通过对案主“社会关系”的修复与重建来实现个人的发展与社会的进步。里士满的这一认识对于我们今天重新认识社会工作的学科属性和社会工作的本质有启发作用。

在我国学术界，目前对于社会工作本质的解释可谓众说纷纭。例如，有的学者注重社会工作的专业要素，认为社会工作在本质上是一项旨在为有需要的个人提供福祉的专业性行动[30]；有的学者从社会建构的角度来理解社会工作的本质，认为社会工作是处境化的，高度的人文关怀才是社会工作的本质内核所在[31]；有的学者将社会工作助人自助的特征和中国特殊情境相结合，以“利他使群”这一本土化表述来概括社会工作的本质特征[32]；也有学者试图从专业性、本土性和社区公共性这一线索展开对社会工作本质的建构[33]，并在此基础上提出社会工作的“社会性”转向[34]。

笔者认为，上述一系列特征虽然都与社会工作的“功能”或部分表象特征密切相关，但并不能界定社会工作的根本内涵或本质属性。在笔者看来，社会工作区别于心理学、社会学、医学、政治学等学科或专门技术的本质特点就在于关注案主“社会关系”的修复与重建，从而帮助有需要的个人、家庭、组织和社区等案主，在修复、重建社会关系的基础上，恢复与发展案主的社会功能。这才是社会工作的本质内核所在。须知，人是一切社会关系的总和，社会工作是一门关于人的学科，要解决人的问题就要从社会关系入手。因而，“社会关系”和“社会功能”既是对社会工作本质的准确理解，也是社会工作中“社会”二字的应有之义。

总结以上论述，笔者想强调的是，对历史经典的回顾有助于我们今天更好地认识社会工作的本质属性、方法论基础以及学科和专业的独特定位。正如社会学离不开对马克思、涂尔干、韦伯等经典思想家的作品的解读与反思，社会工作学也需要对里士满这类社会工作学科奠基人及其经典作品进行解读与反思。这种对历史经典的解读和反思，对于建构中国特色的社会工作学和社会工作实务模式，既具有重要的学术价值，也具有重要的实践价值。这也是本文在《社会诊断》问世百年之际之所以解读里士满社会工作思想的一种学术期待！

参考文献

[1] 徐永祥.主持人语 我国社会工作学科建设的重要意义及重要议题[J].社会建设,2017,4(4)：3－6.

[2] SPECHT H, COURTNEY M E. Unfaithful angels：how social work has abandoned its mission[M]. New York：The Free Press,1994.

[3] HOWE D. A brief introduction to social work theory[M]. Basingstoke：Palgrave Macmillan, 2009.

[4] FRANKLIN D L, RICHMOND M, ADDAMS J. From moral certainty to rational inquiry in social work practice[J]. Social Service Review, 1986(4)：504－525.

[5] HAYNES K S. The one hundred year debate：social reform versus individual treatment[J]. Social Work, 1998, 43(6)：501－509.

[6] STRAUSSNER, ASHENBERG S L. The role of social workers in the treatment of addictions：a brief history[J]. Journal of Social Work Practice in the Addictions,2001, 1(1)：3－9.

[7] RICHMOND M E. The training of charity workers[A]. The long view[C]. New York：Russell Sage Foundation, 1930.

[8] RICHMOND M E. Introduction Ⅱ[A]. The long view[C]. New York：Russell Sage Foundation, 1930.

[9] RICHMOND M E. The need of a training school in applied philanthropy[A]. The long view[C]. New York：Russell Sage Foundation, 1930.

[10] RICHMOND M E. Friendly visiting among the poor：a handbook for charity workers[M]. New York：The MacMillan Company, 1899.

[11] RICHMOND M E. Introduction Ⅲ[A]. The long view[C]. New York：Russell Sage Foundation, 1930.

[12] RICHMOND M E. Charitable co-operation[A]. The long view[C]. New York：Russell Sage Foundation, 1930.

[13] RICHMOND M E. The Good Neighbour in the Modern City [M].

Philadelphia: J. B. Lippincott Press, 1908.

[14] RICHMOND M E. Social Diagnosis [M]. New York: Russell Sage Foundation, 1917.

[15] BLACK W G. Social work in World War I: a method lost[J]. Social Service Review, 1991, 65(3): 379-402.

[16] RICHMOND M E. Of the art of beginning in social work [A]. The long view[C]. New York: Russell Sage Foundation, 1930.

[17] HAYNES K S. The one-hundred-year debate social reform versus individual treatment[J]. Social Work, 1998, 43(6): 501-509.

[18] RICHMOND M E. HALL F S. Child marriages[M]. New York: Russell Sage Foundation, 1925.

[19] RICHMOND M E. Marriage and the State [M]. New York: Russell Sage Foundation, 1929.

[20] 马克思,恩格斯.马克思恩格斯选集:第4卷[M].北京:人民出版社,1995.

[21] SPECHT H. New directions for social work practice [M]. New Jersey: Prentice-Hall, 1988.

[22] 张和清.知行合一:社会工作行动研究的历程[J].浙江工商大学学报,2015(4):98-103.

[23] RICHMOND M E. What is social case work? An introductory description[M]. New York: Russell Sage Foundation, 1922.

[24] 庄秀美.社会工作名人与名著[M].台北:松慧有限公司,2004.

[25] RICHMOND M E. The retail method of reform[A]. The long view[C]. New York: Russell Sage Foundation, 1930.

[26] 童敏.社会工作本质的百年探寻与实践[J].厦门大学学报(哲学社会科学版),2009(5):60-67.

[27] 王婴.《社会诊断》简介[J].社会工作,2008(2):64.

[28] 熊跃根.从社会诊断迈向社会干预:社会工作理论发展的反思[J].江海学刊,2012(4):132-139,238.

[29] 姚进忠.阐释与激活:社会工作理论的实践逻辑演进与本土化探究[J].华东理工大学学报(社会科学版),2014,29(5):9-19,37.

[30] 方舒.论社会工作与社会管理的交互机理：从社会工作的本质属性谈起[J].社会科学,2013(5)：78-86.
[31] 尹保华.高度人文关怀：社会工作的本质新释[J].学海,2009(4)：135-139.
[32] 任文启.利他使群：社会工作本质的中国表述[J].社会建设,2016,3(1)：52-59.
[33] 徐选国.从专业性、本土性迈向社区公共性：理解社会工作本质的新线索[J].社会科学战线,2016(8)：184-193.
[34] 徐选国.中国社会工作发展的社会性转向[J].社会工作,2017(3)：9-28.

社会性、主体性与社会工作知识结构及实务模式的反思性建构

——来自福柯的启示①

徐永祥　杨威威　徐选国

社会工作是现代社会重要的助人专业与制度实践，并成为现代化进程中促进个体困扰与公共议程连接的重要保护机制[1]。社会工作是在与服务对象建立专业关系的基础上，运用专业理论和方法，帮助服务对象解决问题，从而帮助其改善生活处境、实现更优质生活的专业实践与行动。然而，社会工作在以“专业”为主导的助人过程中仍然存在诸多模糊之处。例如：如何认识服务对象？如何选择专业理论和介入方法？选择何种指标和方法评估服务成效？诸如此类问题引发了学者的不同思考和回答，逐步在社会工作知识系统内分化成个人—改良主义、集体—社会主义、反思—治疗主义三种范式[2]。长期以来，集体—社会主义范式重视“伦理”维度，推动社会工作采纳反思性的方法与视角，以应对学科内部知识危机与外部环境挑战。[3]就此意义而言，社会工作反思的前提是

---

① 本文曾发表于《社会建设》2018 年第 4 期，此次收录略有修改。

寻求自身的伦理基础,并以此预设良性社会发展的道德方向,从而为社会工作事业发展提供明确的战略导向。

一、问题提出:社会工作是一种治理术?

福柯在其经典著作《规训与惩罚》的第三章中两次提及“社会工作者”。一是将社会工作者看作现代“监狱社会”权力网络中重要的构成部分,社会权力借助诸种职业力量,使得社会中的个体习得并遵从社会所要求的规范与纪律,以至于达到被驯服的要求。在福柯的论述中,社会工作者与现代社会结构有着天然的亲和关系,社会工作所具有的专业优势有助于它在社会权力体系中占据重要地位。二是认为社会工作及其他助人专业改变了刑法权力的基础,即由皇权正统转向了科学专业,刑法机构逐步吸纳和运用这些新兴的助人专业,以帮助自身获得执法前提与合法性依据。这使刑法权力更加人性化,同时也使权力运作更加日常化,进而推动社会整体逐步建构出规训性网络,使得个人在“监狱群岛”的社会中难以获得真正的自由。现在,随着医学、心理学、教育、公共援助、社会工作等有了愈来愈多的监督与评估权力,刑法机构也将变得具有医学性、心理学性与教育性[4]。可以看出,福柯是运用“权力—知识—身体”理论框架来思考社会工作的功效的,社会工作推动权力的行使朝着理性、科学甚至“人道主义”的方向发展,同时使权力的运作更加日常化、微观化和隐蔽化,使人越来越难以脱离权力而生存。

福柯在《规训与惩罚》中没有直接论述社会工作的实务方法和作用机理,而是沿着现代社会“治理术”脉络探寻社会工作的权力性质。在他看来,社会工作属于现代社会的规范性权力机制,有别于传统社会中的“君主权谋”,它不再努力通过庞大的仪式与政治权谋织造君主荣耀,而是致力于从“经济”角度理解权力和运作权力。这便是福柯所谈及的“治理术”的本质含义。“治理术”尝试运用“家政模式”将人民视为国家的私产,对其进行密切的监视与控制,围绕生命施展权力技术,将国民作为人的肉体与作为物质的肉体驯服并使其变得有用,从而建设一个服从于权力的规范化社会。[5]从“经济”的角度理解权力,便需要重视效率、便利等价值目标,从而提出具有“事本主义”的权力施展方略,实现权力的高效施展[6]。

社会工作是否属于福柯从政治与经济角度探讨的“治理术”?社会工作有两支主要的缘起流脉:里士满领导的慈善组织会社想要借助科学方法实现慈善工作的科学化,以帮助具体的案主解决自身的问题,这支流脉也是个案社会工作的发端;由简·亚当斯引入的“睦邻组织运动”通过在社区里建设睦邻点,整合志愿者和慈善资源,帮助整体社会更加负责任地照顾社会中的弱势群体。然而,社会工作在发展的过程中,逐步跟随精神病医学的脚步踏上了“里士满路线”,即追求实务过程的科学化,而罔顾改变整体社会的责任和使命,专注于从个体的角度诊断并解决案主的问题。[7]20世纪70年代末期兴起的新管理主义,推动社会治理和政府治理重视效率与有效性的价值目标。这不仅促使社会工作开始借鉴医学的“循证研究”方式,推动实务与研究更加科学化和微观化,以便达到高效且可评估的目标,而且在政府购买服务的制度环境中,社会组织逐渐表现出对政府提供资金的强依赖性,从而使自身服务越来越偏向于维护政府的利益而丧失了对专业使命的践行。[8]科学取向与资源依赖的社会工作表现出微观化与结构化的危机，失去了对宏观社会议题的反思与批判能力，逐步显现为福柯所谈及的“治理术”，即专注运用自身的专业技术实现对个体的驯服，使其服从于既有社会权力的安排。

福柯的理论洞见有助于我们反思社会工作的性质。按照福柯的论述，社会工作有着为专业自身与为整体社会的两种权力导向；按照社会工作学者的理解，社会工作应成为保护社会中个人的权力机制。然而，为个人、为整体社会与为专业自身的三种社会工作权力导向并不总是和谐的，置身于微观实务情境中，当三者不相统一时，社会工作应当何以为之？换言之，我们能够借助于在行业内部确立的社会工作伦理标准并实现其可操作化，以尽可能避免社会工作发展出“专业主义”的权力导向，但为个人与为整体社会两种权力导向在微观实务情境中应当如何权衡？这些看似毫无关紧的“务虚”问题实际上具有重大理论与实务意义，众多社会工作者对此问题的认识与回答会反映在实务过程中，从而影响服务对象的生活。本文试图通过评述国内社会工作学者关于社会工作性质的判断，结合福柯关于“主体性”的理论探索，尝试为这一问题提供答案。

二、社会性与主体性：重构社会工作知识结构的两个核心面向

对于福柯所言社会工作所在的社会规范性权力体系在全社会日益延伸和扩展的观点，我们决不能因此而陷入非理性的悲观与绝望情绪中，并由此认为现代社会的各项权力技术止在精细地、深

刻地、持续地将个人推向“监狱”。实际上，福柯并不是恐惧规范性权力所具有的矫正功能，而是质疑规范性权力以及建立在其基础上的社会权力是否会被滥用。[4]

在福柯的语境中，有限度使用的规范性权力主要运用内化、告诫和谈话的调节性技术，推动个体成为主体并进行表达。[9]而滥用的规范性权力则表现出了“规训性”的面向，运用审查、常规性判断和垂直观察技术，致力于将个体变为客体，实现个体在纪律笼罩下成为驯顺的肉体。[4]立足于社会工作本位，判断社会工作权力是否被滥用的重要标准就是社会工作者在服务过程中将自己所服务的案主视为“客体”抑或“主体”。换言之，社会工作主要根据专业权力与社会目标，抑或根据案主自身所阐释和表达的主体知识对案主开展服务。

福柯虽然揭示了规范性权力有限度使用与滥用所运用的权力技术，但他并未告诉我们如何限制规范性权力被滥用，以避免其发展为规训性权力，仅仅是在《规训与惩罚》的结尾流露出稍许悲观但又并非消沉的感叹——“在这种人性中，我们应该能够听到隐约传来的战斗厮杀声”[4]，并嘱咐我们应当将此书视为研究现代社会规范性权力及其知识形成的一种工具。社会工作是伴随现代社会兴起并生成的专业知识，如何在知识系统的内部充分认识到可能的危机，避免其发展为规训性权力，保证案主在社会中的自由境况成为社会工作的关键问题，其首要的工作在于对社会工作性质做深入的反思。

（一）内涵与限度：作为先行者的“社会性”

现代中国社会工作遵循“专业先行”的发展路线[10]，由高校学者倡导推动社会政策变更，助力社会工作获得相应的发展空间和实践环境,这有赖于社会工作有利于现代社会发展的观点的提出。其中较有影响力的两个观点是徐永祥教授提出的“现代社会管理与公共服务的重要手段”[11]和王思斌教授提出的“基础—服务型治理”[12]。两者所提出的政策背景分别是党和国家关于“和谐社会”与“社会治理”的论断,其核心关怀是帮助解决社会转型所带来的负面问题。中国社会工作的缘起表现出强烈的结构功能主义取向,体现出对于整体社会的重视。

“教育先行”的社会工作发展路线,使得中国社会工作发展路径有别于西方社会工作的“草根性”发展路径,而是采用自上而下的建构发展路径。在确定现代社会所存在的问题后,我国采取制度变迁发展范式,助推我国社会工作快速建立与成长。然而,快速发展的背后隐藏着专业性缺失与职业性排斥问题[13],更重要的是社会工作缺乏相应的社会伦理基础。学者们在认识到这个问题后,尝试通过建构“社会性”来补足社会工作缺失的社会伦理基础,以协调西方社会工作对于底层的重视与中国社会工作对于整体社会的重视。例如,陈立周基于我国转型期的实际问题所提出的“社会保护机制”[14],陈锋等[15]、徐选国[16]综合多学科理论文本所构建的社会工作的“社会性”。他们分别从社会关系和社区的角度论证社会工作的性质和功能发挥策略,尤其是徐选国已经开始主动将居民的生活、情感和精神纳入社会工作的目标和定位设定中。在这些论述文本中,社会工作是横亘于公民社会与国家政府之间的桥梁,承继结构功能主义对于整体社会“公共善”的理论假设,借助于党和政府的理念倡导与政策法规以尽可能贴近民众生活。社会工作的“社会性”阐释,准确描述了我国社会工作的发展历史与期望方向,并且为防范当代西方社会工作发展所体现出的专业主义与技术取向提供了有力的论辩武器。

以上学者致力于运用“社会性”来弥补社会工作知识结构内部的理论缺憾,这些努力无疑具有重大学术贡献。然而,基于宏观体制转型背景与社会发展理论提出的社会工作的“社会性”可能会面临如下问题。其一,与整体社会工作发展史相互矛盾。1917 年出版的《社会诊断》标志着社会工作专业的诞生,社会工作迄今已然走过百年征程,百年社会工作发展历史中的社会与个人的关系并不总是和谐的。例如,20 世纪 60 年代的西方国家社会秩序混乱,社会工作者在这段历史中担任妇女运动、少数族裔运动等的领导者与管理者,掀起了第二次世界大战后的新一波民主化浪潮[17]。若我们运用基于宏观社会转型与社会发展而提出的“社会性”,则难以解释此历史阶段中社会工作发展的性质。其二,“社会性”所依据的“社会”概念并不是规范性的统一概念,200 多年的社会学史从不同角度思索“社会何以可能”的经典命题[18],“社会”也远未取得一致性的定义。另外,社会工作的服务对象所具有的多元需求,也导致社会工作难以定义具有统一标准性质的“社会”。其三,社会工作学者对“社会性”的过分迷恋可能导致其放弃社会工作最重要的传统。百年社会工作最为经典和重要的理论假设是“人在环境中”[3],其充分地重视将私人困扰与公共议题链接起来,从而推动社会工作有效地将两者协调起来。关于“社会性”的探讨有助于社会工作赢得在中国制度与治理背景下的合法性基础,然而对于它的过于迷恋有可能导致对于私人困扰的置若罔闻。

综上所述,社会工作学者在探讨“社会性”时,应当重视在追寻本土社会工作性质的同时与国际社会工作经验接轨、提出符合专业自身特质的“社会”概念、立足于对服务对象的伦理关怀。

社会工作长期重视在实务中遵行“以案主为中心”的理念，当代中国社会工作在探寻自我性质的过程中也应当将此纳入。本文试图借助福柯所言及的“主体性”进一步探讨社会工作性质的理论限度。就此意义而言，有关社会工作性质的探讨应当区分论述领域，从社会整体宏观视角来论述“社会性”，避免社会工作失去对于宏观议题的敏感度。然而，为避免社会工作作为规范性权力被滥用，我们应当在微观实践领域践行“主体性”，并致力于将两者关联起来。

（二）找回主体性：社会工作的知识拓展及其实务意涵

何谓主体性（主体）？福柯一生最主要的思想脉络就是围绕“主体性”展开的。福柯关于“主体性”的探索是借助“权力—知识—身体”的框架展开的，他试图揭开关于“身体”的知识是如何被建构起来的，以及这种知识是如何与权力结合完成对身体的驯服的，他追求的是身体（人）能够借助什么样的知识重新成为主体。“主体性”在此语境中是一种底层权力，它并不总是消极接受和忍耐，而是内在地拥有着批判、反思和重构自我的力量，并借助话语展现出的权力特质将主体知识推向制度的高度，从而助力制度的变革。对“主体性”的探索始终是福柯所有学术工作的核心，他在晚年面对“人的科学”与社会整体权力通过联盟而奴役人的现实时，试图通过学术实践使个体重新掌握“自我技术”，以实现对自身的掌控和个人的自由。[19]社会工作也是一种“人的科学”，它将自身工作对象定位为社会中的弱势群体，即福柯所说的“无名者”，着力借助实务工作与科学实践对其主体知识进行整理、还原与呈现，最终使社会中大多数人能够关注那些隐蔽着的“无名者的生活”，直至推动社会权力实施方式与权力资源配置的变更。在权力运作过程中,社会工作强调助人自助与赋权,帮助案主掌握“自我技术”以不断重塑其自身。然而,社会工作在实践过程中也始终面临着社会整体权力与专业为本权力导向的威胁,因而产生“行政化”[20]与“专业主义”[21]的问题。

将“主体性”重新带回探讨社会工作性质的议程中,首先需要关注福柯关于“主体性”权力技术(“自我技术”)的讨论,即“自我技术”是为了自我有能力改变和掌控自我,自我以外的权力应当帮助个体学会“自我技术”而非借助客体化的手段驯服个体。换言之,福柯并不是担忧个体改变,而是关怀个体在这个过程中是作为主体还是作为客体的存在,即外在于个体的权力是在帮助个体掌握“自我技术”还是在规训个体。其中的关键变量是个体是否掌握了“自我技术”,即“它(‘自我技术’,笔者按)使个体能够通过自己的力量,或者他人的帮助,进行一系列对他们的身体和灵魂、思想、行为、存在方式的操控,以此完成自我的转变,以求获得某种幸福、纯洁、智慧、完美或不朽的状态”[19]。社会工作是一种“人的科学”,其所宣称的助人自助工作理念也正是要让案主掌握自身的“自我技术”,让案主在这一过程中形塑出“主体性”(个体对于自身改变过程的掌控权),并收获“主体性”的工作目标(完成自我的转变,呈现幸福等状态)。

之所以说找回而非发掘出“主体性”,是因为“主体性”在国际社会工作理论文本中一直存在,但在国内少有人问津。西方社会工作长期以来围绕科学、艺术与政治讨论社会工作的本质。[22]科学与政治赢得了国内众多学者的共鸣并对此进行了深入思考,中国政治体制所具有的民主集中制特点使得众多行业对于国家政策变更与体制改革保持着密切关注。同样,社会工作者致力于观察社会权力安排及其发展导向,并不断调适自身工作角色和内容。社会科学整体的“科学化”导向使社会工作重视沿着科学的规则与框架,不断调适自身的学科知识架构与实务方法流程。然而,由于文化背景的差异,国内社会工作学者对艺术与社会工作关系的认识固着在“艺术治疗”的实务方法中,以至于并没有认识到艺术是社会工作的一种性质。实际上,社会工作学者在谈及“艺术”时就是在谈主体性,主张运用反思性与批判性的思维方式,排斥社会权力与专业知识对于案主的奴役,要求社会工作者挖掘案主的主体知识(getting stuff out)、深入理解他人的世界(inhabiting others' world)以及打破习以为常的认识和理念(breaking habits of seeing and knowing)。[23]在此基础上,我们要重新思索政治与科学维度,反思当前的制度法规与学科架构,为社会工作寻求“出走的原点”,便于其不断反思和批判自我。就此意义而言,找回“主体性”不仅有助于填补当代中国社会工作知识结构的缺憾,而且有助于解决长期困扰社会工作理论与实务界的“结构—能动”关系问题。

三、话语实践:调和主体性与社会性的社会工作实践模式

找回“主体性”不能止步于学理探讨,而应当根据社会工作实践属性将其实操化。正如前文所述,社会工作致力于使服务对象在社会工作的帮助下习得“自我技术”,以完成服务对象作为“主体”的转变,也就是助人自助。回到福柯的论述,这种“自我技术”的表征是一项话语实践,即挖掘主体的知识并促成整合,最终实现个体主体化,以抵抗宏观权力的驯服与专业权力的规训。就此而言,话语实践必然也关联着“社会性”,它不是旨在使社会工作成为

微观技术,而是基于其所面对的服务对象的立场,重新思索社会结构与社会权力的正当性存在。

（一）话语的权力功能与话语实践的原则

话语(discourse)在《规训与惩罚》中被定义为“系统塑造言说对象的实践”[4],它本质上是一组符号,包含着内容与陈述的因素。当话语开始嵌入社会关系并展开运作时,话语实践便出现了,话语实践为话语对象提供可以被认识、言说和思考的参照标准。话语实践的本质不能简单归类在规训权力或规范权力体系之中,这是因为权力的本质取决于话语实践隐含的意图及其所依据的技巧。

福柯是借助“权力—知识—身体”框架来论述话语实践的。话语实践是运用知识的方式和技巧,可能同时具有悖论性的功能,即话语实践可能借助多样化的权力技术将权力渗透在最微观、最个体化的行为中,以实现驯服和规训身体的意图。话语实践也有可能“瓦解和暴露它(权力,笔者按),指出它的弱点,让阻挡权力成为可能”[5]。换言之,话语实践可能会帮助话语对象抵抗和拒斥权力。话语与话语实践在社会工作中同样重要,在佐伊·加里蒂看来,社会工作的话语可以指代日常语言(language)、视角(narrative)、意识形态(ideology)与思维言谈框架(framework)[24],而社会工作的话语实践就是综合运用其所掌握的话语为案主服务。如前文所述,主体性是福柯的学术关怀,本质目的是帮助个体借助“自我技术”实现在改变过程中的主体化,而“自我技术”便具体化为话语实践。这种话语实践的功能是朝着抵抗宏观与知识权力方向发展的,避免权力借助话语实践奴役个体。如此观之,话语实践具有双向路线,我们不仅需要关怀社会工作所服务的对象,而且需要关注社会工作所处的社会环境。

然而,何以为之?本文依次梳理建构权力的话语实践技术,以此警醒社会工作予以避免;梳理抵抗权力的话语技术,以此提供话语实践的基本原则。

第一,话语实践的权力策略实现。福柯在《主体与权力》一文中分别阐述了五点建构权力的话语技术:(1)差异制,即借助于差异原则并按照二分法区分对象,如区分正常与不正常、心理健康和心理病态;(2)对象化类型,即在区分对象的基础上选取权力施展的对象,如将心理病态的个体作为自身工作对象;(3)工具模式,即全力施展借助于监禁、纪律、武力等多种权力工具,保证权力得以有效实施;(4)机构化形式,即借助于区域化、局部化的空间,整合社会中的所有权力关系以有效施加到对象身上;(5)合理化程度,即权力的意图、程序、目标都被精致地设定,以最大限度地彰显效用目标[20]。历史上的社会工作者曾在“大禁闭”和“维稳”时期,采用院舍化服务模式服务流浪者、精神病患者甚至是穷困者,通过将其圈养在院舍中教化以帮助其习得社会所要求的规范和行为准则。在当下全球化与新管理主义浪潮下,社会工作者着力将自身打造成为行业专家以推动学科朝着“专业主义”方向发展,压制着案主最佳利益的实现[25]。如此发展趋势背离了社会工作的价值关怀原则,而是追求专业自身利益,着力将社会工作塑造成为建构权力的技术工具,无反思与无批判地高效率实现社会权力的意图。现代社会工作逐步深入民众的日常生活中,如此单纯的技术导向的发展模式,即致力于发展出相应的二元框架定义并选取服务对象,借助于机构和院舍的组织与空间技术,建构出符合效率原则的实务方法以服务案主,这种取向是社会工作应当避免的。

第二,话语实践的抵抗策略实现。福柯在生命晚期重返西方古典哲学,寻觅一种“实”(完整)的人的存在状态及其实现技术,这种技术便是抵抗权力的话语实践。福柯在此基础上提出直言、自我关注、批判三种技术。一是将人视作“实”(完整)的。福柯在《词与物》中表明,近代“人的科学”将“有限的人”视为理论的根基,使人不断被解构直至消亡,最终作为权力的客体并被规训为有用且驯服的人。[26]因此,抵抗权力的话语实践首先应将“人”视为完整的,即将个体的欲望、智慧与激情统合起来去看待个体。[27]二是批判宏大叙事或永恒真理,促使个体更多地关注自我。[28]福柯关于疯癫与规训的批判研究,证明“治理术”是借助于宏大叙事和永恒真理消灭个人化与场景化的自由空间后,才最终使得个体受到忽视从而受到权力规训。福柯对于这一现实的超越借助于双向路线:一方面,揭开了宏大叙事与永恒真理背后隐蔽的权力意图;另一方面,鼓励个体关注、表达和体验自我,发现自身可能蕴含的新型思维方式,以此帮助个体习得反思和批判能力,从而抵抗建构权力的意图。[28]三是重视“直言”,即勇敢地、真诚地将真实的事物说出来,这种话语实践使得个体得以自我认识、自我关心、自我教化。[19]社会工作者应当对福柯所言的抵抗策略具有深入的认识,首先需要将服务对象视为“完整的人”,鼓励其自我关怀和自我表达;在面对服务对象所生产的主体知识时,不应将其视为非理性的,而应将其假设为理性的,从而思索其内在的合理性,以此反思社会权力可能存在的缺憾。

综上所述,本文总结出如下话语实践的基本原则:① 秉持“完人主义”看待服务对象,避免“片面化”看待服务对象的某些方面;② 坚持服务对象有其自我的、多元的、个体的主体性知识,避免运用标准性、外在性、整体性的主流知识,指导服务对象认识自我和解决自身问题;③ 运用优势视角,相信服务对象自身拥有潜力,并帮助服务对象关照、认识和改变自己;④ 去“专业化”,避免采取医学、教育学、心理学中的技术治理工具,出于治疗的目的,在服务对象身上施加权力;⑤ 将服务对象的困扰同“治理术”联系起来并加以反思;⑥ 以服务对象的利益为中心,通过叙事实践帮助服务对象认识和完善自我、建立与他人关系、反思与抵抗具有缺陷的治理权力及其压制举措;⑦ 反抗宏大叙事,运用抵抗策略,发现体制内另一种可能性。

(二) 作为实践模式的话语实践

福柯一生主要的学术工作与政治实践始终围绕“主体性”展开,笔者力图借助福柯提供的理论洞见并从社会工作发展的角度,提出了话语实践并阐述了其原则,尝试调和社会工作内部“主体性”与“社会性”之间的关系。然而,话语实践的原则如何在具体的服务实践中得以运用?这个问题有赖于后续学者围绕此原则展开深入性探讨。囿于篇幅,本文仅从个体、小组与社区三个层面的运用技巧展开初步探索。

第一,鼓励案主谈论自我,推动其关照、认识和改变自我。社会工作者在开展个案工作时,应当鼓励案主讲述和谈论自己的故事,以帮助案主重新审视其日常生活经验。[29] 为达到此目的,社会工作者应当为案主提供宽松的会谈氛围,从“完人”的角度去看待案主,鼓励其谈论个人经验和自身赋予经验基础上的意义,而后引导案主关注宏大叙事和主流话语在自我叙述中所发挥的作用。此外,社会工作者应当围绕问题展开,帮助案主探寻自身久远且隐秘的记忆,借助于质询的技巧,帮助案主围绕问题运用知识重新审视自身与经验(问题)之间的关系,以此超越主流的、外在的和标准的话语框架，发现自我的、个体的和多元的话语框架。在此过程中，案主能够学会关照自我并建构主体性的知识，以此收获在助人过程中的主动性。例如，卫小将等通过情感支持和问题外化、探索和重塑故事、固化新的故事三个阶段，帮助一个因怀疑自己有精神病而濒临自杀的青少年摆脱了外在评价带给他的困扰，重新运用自己的标准看待和评价自己的生活。[30]

第二，赋权群体，即通过话语实践，群体可反思其生存境况与治理话语、权力的关系，探索有助于改善自身生活状况的途径。社会工作者在开展小组工作时，应当重视运用赋权的方法，即重视社会工作者与成员间的关系以及小组成员间的关系，将关系视为潜在的变革能力；在此基础上将个人困扰与社会秩序联系起来加以考察，反思当前社会中的话语体系与权力分布，思考社会秩序与社会关系重构的可能性。[31] 在赋权过程中，社会工作者应当保持与案主平等的关系，尽可能为其提供完善的条件以鼓励其自主决定[32]，而非向案主灌输社会工作者自身的价值理念和个人目标。对于小组成员来说，他们在充分认识与表达自我之后，其所具有的共同境况有助于启发他们反思个人遭遇与社会权力之间的关系，从而也为社会工作者开展结构性社会工作提供了公共议题，以此提供社会变革的可能性。朱眉华等借助于影像相机等技术手段，记录T村的流动家庭妇女的生活现状，妇女们借助社会工作者提供的技术手段发现了彼此共同面临的生活问题及困难，并开始联手开展了一定程度的社会关系变革。[33]

第三，反抗宏大话语叙事，探索地方场景的实践知识，以此探寻制度外的另一种理性。福柯认为，宏大叙事体系在形式上表现出一体化、标准化与同质化的特质，话语实践对待权力对象常常是强迫性的，因而宏大叙事体系背后隐蔽的是对于个体的规训欲望。社会工作者在开展社区工作时，常常受制于变动性强而又极具模糊性的治理口号，这有可能使得社区工作的目的不是服务于居民，而是服务于领导视察与外来参观，难以真正实现社区工作的主旨。在这种宏大话语治理口号的基础上，不少社区的工作人员运用自身的实践智慧，灵活地在口号的框架下探寻符合社区需求与优势的治理方向，使其既完成了上级所交付的命令和任务，又恰当地满足了社区居民的期待与需要。例如，郭伟和分析了B市社区工作人员通过运用地方性的实践智慧，发展人情网络，既完成了治理任务又抵抗了行政建制力量，发现了基层社会治理的另一种理性可能[34]。

话语实践是调和社会性与主体性的社会工作实践模式，有着自身的原则与技巧。福柯晚年重新返回古典哲学“舞台”，试图借助话语实践使人们掌握“自我技术”，从而完成对于现代社会危机的超越。在福柯的理论文本中，主体不仅是分析的对象，而且是学术的价值关怀对象。社会工作也同样如此，其主体（服务对象）不仅是实务的对象，而且是实务与学术的伦理起点。

四、结语

现代社会推动着社会权力朝着“治理”的方向发展，社会工作作为一种“人的科学”被嵌入规范性权力体系之中，帮助社会权力在面向个人施展时更加富有效率，同时也推动社会权力的施展方式不断变革。社会工作在福柯的理论文本中被视为一种“治理术”，并有可能助力社会权力从规范性权力向规训性权力发展，从而使得个人自由空间日益缩小。福柯将自身的关注点定位于“主体性”，尝试推动个体掌握“自我技术”，从而超越现代社会危机。社会工作作为规范性权力的组成部分，有可能担任这一使命，力图在个人、小组与社区三个层次运用话语实践帮助案主习得“自我技术”，从而使其在实现自我改变的过程中增强主动性，以为现代社会发展提供厚实的民情基础。

对当代中国社会工作“社会性”的探索，是从社会转型与社会发展角度谋求社会工作嵌入式发展的战略，可促使社会工作作为一项新兴专业与职业被纳入整体社会权力体系之中，并在社会建设、社会管理与社会治理过程中不断调适自身的角色和身份。实践证明，关于“社会性”的探索使得社会工作从无到有，并逐步拓展自身实践领域，使自身工作向纵深发展，最终在当下表现出与广大居民日常生活休戚相关的状况。然而，这种社会工作成长路径呈现自上而下的、快速发展的特点，使得社会工作者对居民的日常生活并没有深入的了解，也没有真正构建对于居民日常生活的道义情感，因此极容易导致社会工作发展出为整体社会与为专业自身的权力导向。久而久之，如此的“社会性”探索可能会使社会工作失掉社会。因此，对于社会工作的性质探寻必须借助于“主体性”来弥补“社会性”的可能缺憾。

找回“主体性”，不仅需要把主体性带入对社会工作性质的理论探索中，而且需要把主体性带入社会工作的实务情境中。我国的性质决定了社会权力并不是为服务于少数阶层的私利而奴役广大人民，而是服务于社会中最大多数的人民。党的十九大重新确立了我国社会的基本矛盾——人民日益增长的美好生活需要和不平衡不充分发展之间的矛盾，同时确立了“以人民为中心”的发展观,这就意味着要通过解决不平衡与不充分发展方面的矛盾,满足人民的美好生活需要。就此意义而言,中国社会工作并未遭遇福柯所言的权力与身体的根本矛盾。换言之,中国社会工作的"主体性"与"社会性"是具有协调互构的关系的。马克思在《共产党宣言》中规定了社会主义的终极价值和最高目标是"每个人全面而又自由的发展"[35],这何尝不是主体性的目标与导向?"主体性"作为社会工作的伦理关怀,它引导社会工作者进入服务对象的内部世界,挖掘和掌握其主体知识,推动其成长为对自身改变具有主动性的主体,也在这个过程中从个体困扰中寻求公共议题,以此推动制度变革,从而丰富整体的社会想象力。同时,在社会主义初级阶段,我国的社会工作有必要借助于"社会性"引导建立的制度框架发挥自身的专业贡献。因此,协调主体性与社会性,便意味着社会工作应当迈向更加广阔的实践平台。这有赖于社会工作者与社会组织不断追寻专业化,建构出对某一群体与地域服务对象深入的认识,以使"主体性"导向下的社会工作不断生产多元的主体知识;这同样有赖于调整社会权力体系,使社会工作所负载的多元主体知识能够找寻到表达与协商的制度平台,以及多元主体利益能够不断推动社会权力体系与社会资源配置方式的更新。由此观之,"社会性"不再是固定不变的社会结构,而是不断革新自我、包容协调的社会结构,而"主体性"也不再是盲目、冲动的私人利益,而是理性之上、有序协商的社会主体。此时的社会工作方才有助于推动社会发展与人的自由而全面发展协同演绎。

协调主体性与社会性的专业社会工作,何以可能、何以可为?换言之,当今中国社会工作的"专业性"又意味着什么?专业(profession)的词根是 profess,其最早意味着进入宗教秩序的誓言有着高度的神圣性与伦理性，它不是当代西方社会工作依据“科学性”谈及的“专业性”，而是从本质上意味着对于所服务的人群与地域的主体性伦理承诺，也必然暗含着对于社会主义政治秩序的承认。基于此，专业的中国社会工作不仅需要从有效性角度论证引进的实务模式与方法的适用性问题，而且需要从当代中国社会权力体系中探寻更加灵活且有效的行动策略[36]，更应当从整体社会角度来探寻社会体制改革的方向与路线。我们应当认识到，当前中国社会工作更多的是在社会服务领域中的实践。这是因为，一方面，政府购买服务制度的短期购买、属地购买方式，使得社会组织难以形成长期的发展战略[37]；另一方面，社会工作实务与研究欠缺“底层视角”，难以不断总结、提炼多元社会主体的知识。置身于新时代的社会背景中，中国社会工作理论与实务也当从主体与社会双向进路，反思建构社会工作的知识结构与实务模式，以此助力中国特色社会主义社会体制迈上新的高度。

参考文献

[1] 徐选国.从社会学的想象力到社会工作的想象力：社会工作学的逻辑起点初探[J].华东理工大学学报(社会科学版)，2017，32(6)：23－27，36.

[2] 马尔科姆·派恩.现代社会工作理论[M].3版.冯亚丽，叶鹏飞，译.北京：中国人民大学出版社，2008.

[3] 杨威威.重返社会工作经典研究：探析“人在环境中”的理论内涵与方法拓展[J].社会工作与管理，2018，18(2)：19－29.

[4] 米歇尔·福柯.规训与惩罚(修订译本)[M].刘北成，杨远婴，译.北京：生活·读书·新知三联书店，2012.

[5] 米歇尔·福柯.性经验史[M].增订版.余碧平，译.上海：上海人民出版社，2005.

[6] 米歇尔·福柯.什么是批判：福柯文选Ⅱ[M].汪民安，编.北京：北京大

学出版社,2016.

[7] SPECHTH, COURTNEY M E. Unfaithful angels: how social work has abandoned its mission[M]. New York: Free Press, 1994.

[8] HARLOW E, BERG E, BARRY J, et al. Neoliberalism, managerialism and the reconfiguring of social work in Sweden and the United Kingdom[J]. Organization, 2012, 20(4): 534-550.

[9] 阿德里娜·S.尚邦,阿兰·欧文,劳拉·爱泼斯坦.话语、权力和主体性:福柯与社会工作的对话[M].郭伟和,等译.北京:中国人民大学出版社,2016.

[10] 刘振,徐永祥.中国社会工作的生成路径与发展困境:基于历史制度主义的分析[J].天府新论,2017(5):96-103.

[11] 徐永祥.社会工作是现代社会管理与公共服务的重要手段[J].河北学刊,2007(3):67-69,73.

[12] 王思斌.社会工作在创新社会治理体系中的地位和作用:一种基础—服务型社会治理[J].社会工作,2014(1):3-10,150.

[13] 葛道顺.社会工作转向:结构需求与国家策略[J].社会发展研究,2015,2(4):1-23.

[14] 陈立周."找回社会":中国社会工作转型的关键议题[J].思想战线,2017,43(1):101-107.

[15] 陈锋,陈涛.社会工作的"社会性"探讨[J].社会工作,2017(3):3-8,108.

[16] 徐选国.中国社会工作发展的社会性转向[J].社会工作,2017(3):9-28,108-109.

[17] JAMES L. A history of social wealfare and social work in the United States: 1815—1972[M].New York: Columbia University Press, 1978.

[18] 肖瑛.回到"社会的"社会学[J].社会,2006(5):1-56.

[19] 米歇尔·福柯.自我技术:福柯文选Ⅲ[M].汪民安,编.北京:北京大学出版社,2016.

[20] 徐道稳.中国社会工作行政化发展模式及其转型[J].社会科学,2017(10):90-97.

[21] 雷杰,黄婉怡.实用专业主义:广州市家庭综合服务中心社会工作者"专

业能力”的界定及其逻辑[J].社会,2017,37(1):211-241.

[22] 何雪松.社会工作的理论追求及发展趋势[J].西北师大学报(社会科学版),2017,54(4):11-16.

[23] SINDINGC, WARREN R,PATON C. Social work and the arts: images at the intersection[J]. Qualitative Social Work, 2014, 2(13):187-202.

[24] GARRITY Z. Discourse analysis: foucault and social work research[J]. Journal of Social Work,2010, 10(2):193-210.

[25] THOMPSON L J, WADLEY D A. Countering globalisation and managerialism: relationist ethics in social work[J]. International Social Work, 2016, 2(59):123-165.

[26] 米歇尔·福柯.词与物:人文科学考古学[M].修订本.莫伟民,译.上海:上海三联书店,2016.

[27] 杜玉生.哲学抵抗与“真正的生活”:福柯论犬儒主义[J].外国文学,2015(2):122-130,160.

[28] 乔弗鲁瓦·德·拉加斯纳里.福柯的最后一课:关于新自由主义、理论和政治[M].潘培庆,译.重庆:重庆大学出版社,2016.

[29] WHITE M, EPSTON D.故事、知识、权力:叙事治疗的力量[M].廖边德,译.上海:华东理工大学出版社,2013.

[30] 卫小将,何芸.“叙事治疗”在青少年社会工作中的应用[J].华东理工大学学报(社会科学版),2008(2):29-32,57.

[31] DOMINELLI L.女性主义社会工作:理论与实务[M].王瑞鸿,张宇莲,李太斌,译.上海:华东理工大学出版社,2014.

[32] DOMINELLI L. Betrayal of trust: a feminist analysis of power relationship in incest abuse and its relevance for social work practice[J]. British Journal of Social Work, 1989, 4(19):291-307.

[33] 朱眉华,吴世友,CHAPMAN M V.流动家庭母亲的心声与社会工作的回应:基于T村母亲形象影像发声项目的分析[J].中国青年政治学院学报,2013,32(5):86-91.

[34] 郭伟和.地方性实践知识:城市社区工作者反建制力量的隐蔽领域:基于B市莲花社区的个案研究[J].学海,2016(2):143-152.

[35] 叶汝贤.每个人的自由发展是一切人的自由发展的条件:《共产党宣言》

关于未来社会的核心命题[J].中国社会科学,2006(3):4-14.
[36] 杨威威,鲍伟娜.社会工作吸纳基层政治组织的优势及其策略:兼论社会工作的生活范式转向[J].社会工作,2017(5):82-96.
[37] 黄晓春.中国社会组织成长条件的再思考:一个总体性理论视角[J].社会学研究,2017,32(1):101-124.

历史分期与理想类型：中国社会工作百年兴衰的历史考察[1]

刘　振　徐永祥

民国初年，我国沿海城市的市场经济已经有所起步，各种社会问题相继产生。因而，作为一种社会服务方法的社会工作，在欧美国家诞生后不久便传入了中国。时至今日，社会工作已在我国跨越了一个世纪的历史长河。如何看待中国社会工作的百年历史，不仅关乎社会工作的未来走向，而且与人们对社会工作本质的理解密切相关。因此，本文尝试在勾勒出中国社会工作百年轨迹的基础上，以历史分期的形式对其加以类型化思考，探析中国社会工作的发展逻辑。

一、科学社会学：以默顿范式为中心的社会工作百年考察

自诞生起，"成为科学"就一直是社会工作追求的专业目标。社会工作的开山之作《社会诊断》高举实证主义大旗，提出比附医

① 本文曾发表于《学术界》2019 年第 5 期，此次收录略有修改。

学，以科学的方法进行诊断，从而做到科学助人。[1] 自此，社会工作的科学化道路得以开辟。在后续“证据为本”的实践脉络中，“科学性”一直是社会工作的主导性叙事。因而，本文将社会工作视为一门科学，从默顿科学社会学的视角审视社会工作的百年变迁。

在科学社会学创始人默顿看来，科学是一项等同于文化、军事、经济的社会体制，科学与其他社会体制之间的相互依存关系是科学社会学的研究对象。[2] 著名的“默顿命题”把17世纪英格兰科学迅速崛起的原因归结为，“以禁欲和理性为基础的清教主义（新教伦理），使职业兴趣发生了科学领域的转移，以及经济、军事和技术上的需要促进了科学研究活动的开展”。[3] 在默顿看来，社会发展中解决社会问题的实际需要，给予科学生成和发展的现实空间，但这只是科学发展的必要条件，更重要的是科学的发展受到社会结构的影响和制约。社会工作是一门为解决工业化、市场化所带来的社会问题而产生的社会科学。[4] 社会工作学科的百年发展正是在需要与结构的张力下得以展开的：一方面，社会福利需要的变化决定着社会工作服务内容的改变；另一方面，国家与社会关系结构的变迁决定着社会工作服务主体的选择。基于默顿科学社会学的研究范式，本文着重考察国家与社会关系结构和社会福利需要这两条主线，进而解释中国社会工作百年兴衰的内在逻辑。

二、百年回眸：中国社会工作的四个历史阶段

（一）民国时期：社会工作的生成与发展

中国传统社会是典型的“强国家、弱社会”，当时的权力和资源被国家绝对垄断，民间力量在政治、社会生活中的作用极其微

弱。[5]民国时期，伴随着工业化、市场化的冲击，西学东渐潮流的裹挟以及国人民族国家意识的增强，传统的“全能主义”国家日渐式微，原有的一元化结构逐渐呈现“国社分离”的二元色彩。正是这种整体上国家与社会关系的变迁，为社会工作的生成和发展创造了结构性条件。

北洋政府时期，独立的社会力量开始萌生，但国家力量相对较弱，政府在社会工作专业的引入及其初步发展的过程中所发挥的作用不大。当时已经有所发育的民间慈善组织和社会精英以改造社会为目的开展的社会服务活动，以及西方教会力量针对当时中国社会问题展开的一系列救济活动，可被视为中国社会工作的雏形。[6]后来，西方传教士依托教会大学，开设了社会工作专业（课程），开办了社会工作机构（如沪东公社、清河实验区），不断开展社会工作实践活动，使社会工作得到了初步的发展。

1927 年 4 月，南京国民政府建立之后，国家自主性不断增强，但“社会”并没有因国家自主性的增强而被淹没，恰是在国家的扶持下“社会”得到了较快的发展。在“收回教育权运动”中，教会学校受到了极大的影响，留学生取代了传教士在教会学校中的主导地位，社会工作本土化的进程开始了。[7]1940 年，国民党中央社会部改为隶属行政院，成了全国社会行政事务最高主持机关。此后，政府对社会工作发展的干预日渐增强，先后建立了社会工作相关机构，出台了各项社会工作制度措施，创办了社会工作的专业刊物，在国家层面给予了社会工作合法性的确认。在政府的推动下，当时的社会工作已经被纳入国家治理和社会建设的宏观框架之中，在教育、研究、实务等诸多方面都取得了较大的进展。[8]纵观民国时期社会工作的生成与发展，我们可以将其视为一个先由社会力量“引入”、后被国家治理“吸纳”的过程，当时开展社会工作的主体主要由民间机构和教会组织等“社会力量”构成。

就社会福利需要而言，民国时期中国进入了由传统农业社会向近代工业社会转型的历史阶段，基于血缘和地缘的救助体系已经开始瓦解。在这个特殊的转型时期，农业生产落后、产品滞销、人民破产、百姓流离失所等社会问题相继产生。此外，当时的中国还处在一个内忧外患的复杂环境之中，战争、灾荒以及其他各种矛盾充斥着整个社会。正因为如此，当时的中国社会迫切需要引入和发展社会工作予以应对。民国时期的社会工作更多的是开展贫困救济，主要是满足一种低层次的生存性需要。换言之，引入之初的社会工作只是一种简单的生存性福利活动。

（二）计划经济时期：“单位制”与专业社会工作的“取消”

中华人民共和国成立之后，中国走上了计划经济的发展道路。在计划经济时期，社会的政治中心、意识形态中心、经济中心合而为一，形成了一种国家与社会“同构一体”的“总体性社会”。[9]在“总体性社会”中，我国形成了一种“国家—单位—个人”的“单位制”。[10]包揽全体社会成员“生老病死”的“单位制”全面覆盖了社会，抹杀了专业社会工作存在的可能性。[11]其原因主要在于以下两个方面：第一，在任何历史时期、任何社会条件下，专业社会工作的生成与发展必须以社会组织为载体。但在国家全面主导的“单位制”下，几乎没有严格意义上的社会组织存在，因此专业社会工作便没有了生存的载体和存在的机会。第二，在计划经济时期，社会福利服务主要是由国家依托公有制组织开展的，其社会福利呈现出“家庭保障责任与社会互助精神”有效结合的特点，体现出了“政府包揽一切”的特征。所以，当时的单位、民政部门、社区居委会取代了专业社会工作的功能，社会工作的重要性和必要性逐渐消失。经历了1952年前后三次学科调整，社会工作专业随着社会学一并被“取消”。专业社会工作进入了“断裂”期。这里需要指出的是，近代以来发生的多次灾荒与战争，使新中国面临千疮百孔的景象，计划经济时期社会资源匮乏。当时虽然强调“公平绝对高于效率”，但人们的生活依然是低层次、低水平的。因而，当时的中国社会仍旧只是需要一种倾向于直接物质救济的生存性福利活动，社会工作的专业性特长难以施展，容易被取而代之。

（三）改革开放初期：社会工作恢复重建中的“教育先行”

1978年之后，我国开始探索如何从计划经济体制向社会主义市场经济体制转变。经济体制改革解放了生产力，加快了经济发展速度，同时也使国家与社会的关系发生了剧烈的变化，过去由国家统筹一切的格局逐步被打破，“社会”开始萌生。这为社会工作在中国的恢复创造了结构性条件。但改革开放之初，国家与社会的关系只是一种“有限分离”[12]。在公共服务领域，这种国家与社会的“有限分离”主要体现在从“单位制”向“社区制”的转型。随着“单位制”的瓦解，原先由单位承担的社会职能开始向“社区”外溢，形成了“两级政府、三级管理、四级网络”的城市社会管理体制。[13]这种以“社区”为中心的城市管理体制，只是一种体制内的创新，社会要素发育相当缓慢，其中社会服务的主体依然是政府机构（如民政部门）或准政府机构（如社区居委会），有学者称之为“只见社区，不见社会”[14]。

继中共十四届三中全会通过了《中共中央关于建立社会主义市场经济体制若干问题的决定》之后，我国生产力水平和经济水平显著提高，社会成员的生活大有改观，人民的温饱问题已经基本得到了解决，我国逐步进入了从偏重于物质消费的“总体小康”向“全面小康”迈进的过渡阶段。但当时对社会发展有所忽略[15]，诸多社会问题和不容忽视的“意外性后果”相继产生[16]。如此一种社会问题愈益复杂化、多样化的趋势，既给予了社会工作恢复和发展的机会，也对社会工作提出了更高的要求，使社会工作开始从一种开展简单社会救济的“生存性福利活动”，逐步转变为一种不断提升人民生活质量的“发展性福利活动”。因而，在当时更多的是需要运用专业社会工作的知识和技术来提升政府公共服务的效能，于是形成了一种“教育先行”的社会工作发展模式[17]：1987 年马甸会议之后，我国有限制地在几所高校中开设了社会工作专业；20 世纪 90 年代中后期，随着各种限制性政策变为鼓励高校开设社会工作专业的政策，社会工作教育开始加速发展；1999 年高校扩招之后，社会工作专业招生院校数量大幅提升、招生规模不断扩大，社会工作教育进入了快速发展时期。但当时社会工作的影响主要局限于学界和民政系统，社会工作实务领域发展相对滞后，专业社会工作机构及实践场域近乎“一片空白”。综上所述，虽然改革开放初期社会工作教育得到了恢复，但在国家与社会关系“有限分离”的条件制约下，专业社会工作的恢复只是以“教育先行”的形式实现了专业化转型，并没有呈现社会工作应有的社会属性。

（四）社会建设时期：社会工作的快速发展和全面提升

随着我国经济的迅速发展，长久以来积累的社会问题和社会矛盾也日益凸显，这种问题倒逼的情势最终引起了社会层面的改革。[18]在如此背景下，国家与社会的关系走向了新的发展阶段。中共十六大之后，“和谐社会”成为中国社会政治生活中最流行的主题词，各种制度规则和政策措施的颁布，使“社会”开始作为独立的行为主体与国家发生互动。[19]此时，国家开始主动地向社会释放权力，或是自觉地从一些社会领域中撤离，因而社会自主性在不断增强。在当时的社会公共服务领域内，社会和国家“共生、共强”的认知模式愈渐明显，“强政府、强社会”的发展目标日渐清晰。[20]国家与社会良性的互动关系给社会工作尤其是社会工作实务领域的发展提供了广阔的空间。中共十六届六中全会后，在政府的大力推动下，专业社会工作逐渐发展起来，且实践属性愈益明显。随着“政府购买服务”公共财政机制的确立，更多的社会主体承担起公共服务的责任，这为社会工作的发展在政策和环境上提供了支持与保障。此时的社会工作不再局限于行政社会工作的领域。专业社会工作机构开始产生，专业社会工作实践场域在不断拓展，专业化、职业化的社会工作逐渐被国家和社会所了解与接受，我国社会工作的发展迎来了一个真正的“春天”。

进入21世纪以来，我国已经达到了总体性小康的标准，进入了全面建设小康社会、全面建成小康社会的新时期。人民群众需求内容的多样化趋势、需求内涵的精神性转向是此阶段的特征。随着民生保障力度不断加大、社会体制改革逐步深化、社会治理创新全面推进，社会工作所处的环境、面临的形势、遇到的问题也都发生了深刻的变化。[21]在这一时期，生存性问题早已不是社会工作所要解决的主要问题。此时的社会工作已经完全进入了开展发展性福利活动的新阶段，在“质”的层面得到了快速发展和全面提升。

三、历史分期与理想类型：中国社会工作发展的类型化分析

（一）主体与内容：中国社会工作的阶段性特征

上文从国家与社会关系结构和社会福利需要两个维度审视了

中国社会工作发展环境的百年变迁，并基于主体（国家治理结构中需要谁来开展社会工作）和内容（社会发展中需要开展什么样的社会工作）两条线索勾勒出了中国社会工作的百年轨迹。那么，中国社会工作如何进行历史分期？每个历史阶段具有怎样的阶段性特征？笔者尝试对社会工作的主体和内容进行交互分析，以建构出中国社会工作的历史分期框架（见图1），继而进行模型推演，从“理想类型”的角度给予回答。

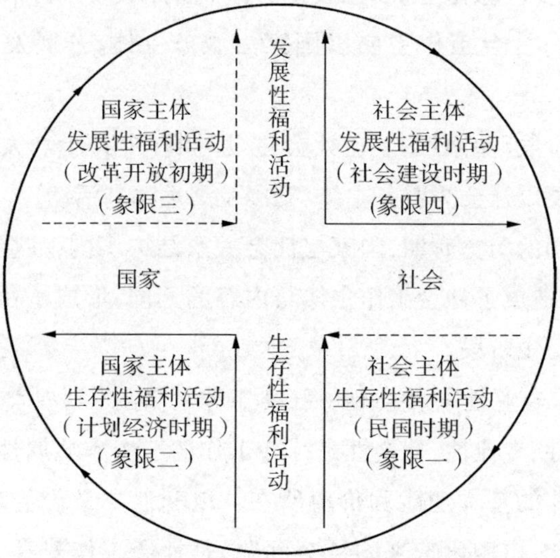

图1　中国社会工作的历史分期框架图①

由图1可见，中国社会工作的历史分期框架存在横轴和纵轴两个维度：横轴主要基于国家与社会关系，反映的是开展社会工作的主体；纵轴主要基于社会福利需要，反映的是社会工作的内容。

① 图中虚线表示已有发展趋势，但尚未完全达到，即处于一种过渡阶段。

这个历史分期框架中的四个象限，即中国社会工作的四个历史阶段。

第一阶段（象限一）：在民国时期，社会工作主要以社会为服务主体，开展生存性福利活动。

第二阶段（象限二）：在计划经济时期（从中华人民共和国成立到改革开放），社会工作主要以国家为服务主体，开展生存性福利活动。

第三阶段（象限三）：在改革开放初期（从改革开放到中共十六大召开），社会工作主要以国家为服务主体，开展发展性福利活动。

第四阶段（象限四）：在社会建设时期（中共十六大至今），社会工作主要以社会为服务主体，开展发展性福利活动。

在不同的历史时期，国家与社会关系结构不同，社会福利需要不同，因此造成了社会工作主体与内容的不同，形成了社会工作发展的四个历史阶段。

（二）专业性与社会性：社会工作的四种“理想类型”

利他性、专业性、社会性是社会工作的三个本质属性。利他性是社会工作的基本功能和价值所在。以利他主义价值观为指导，解决工业化、市场化带来的社会问题，是社会工作安身立命之本。但在利他主义的指导下，解决社会问题的渠道有很多，譬如民间自发组织的志愿性服务和政府提供的公共性服务（如民政工作）。较之上述两者，社会工作有其优势。相较于志愿性服务，作为一种专业化、职业化的社会活动，社会工作的优势在于其技术性特征，即社会工作的专业性；相较于公共性服务，社会工作是一种由社会力量组织开展的社会服务，其优势在于可以补充政府一元主体提供公共服务的不足，此即社会工作的社会性。可以说，专业性和社会性两种优势正是社会需要社会工作这一门“科学”的原因所在。在上述四个象限中，社会工作的专业性要素与社会性要素也各有不同。在中国社会工作历史分期框架的基础上，我们可以比较不同历史阶段社会工作的专业性特征和社会性特征，进而建构出社会工作的四种“理想类型”，具体模型展演结果如表1所示。

表1 社会工作的四种“理想类型”

象限	代表时期	社会工作类型	专业属性	社会属性
一	民国时期	准专业社会工作	-	+
二	计划经济时期	经验本位的行政社会工作	-	-
三	改革开放初期	专业化的行政社会工作	+	-
四	社会建设时期	专业社会工作	+	+

第一，“准专业社会工作”（对应图1中的象限一）是一种社会性明显、专业性不足的社会工作，以民国时期的社会工作为代表。民国时期，工业化、城市化已经有所起步，社会问题频发，但政府公共服务能力相对较弱。因此，迫切需要作为“社会力量”的社会工作参与到社会服务和社会救济中去。此外，由于民国时期生产力落后、灾荒不断、战争连年，百姓的生死安危是最先需要解决的问题，所以当时的社会工作只是一种相对简单的生存性福利活动，对“专业性”要求不高。总体而言，民国时期的社会工作处于从志愿性服务向专业社会工作转变的过渡期，只是一种“准专业社会工作”。

第二，“经验本位的行政社会工作”（对应图1中的象限二）是一种专业性与社会性“双重缺失”的社会工作，以计划经济时期的社会工作为代表。中华人民共和国成立后，在计划经济体制下，形成了一种国家与社会合为一体的“总体性社会”。此时的公共服务领域由国家“全盘包揽”,社会性因素“消失殆尽”。当时百废待兴,生存性问题依然是中国社会最需要解决的问题。当时更需要的是一种生存性福利活动,社会工作的专业属性并不能得到很好的应用。社会工作专业性和社会性的“双重缺失”,致使“单位制”覆盖了专业社会工作的功能,“经验本位的行政社会工作”(以民政工作为代表)代替了专业社会工作。

第三,“专业化的行政社会工作”(对应图1中的象限三)是一种强调专业性但社会性缺失的社会工作,以改革开放初期的社会工作为代表。虽然改革开放后的市场化改革,打破了过去“政社不分”的总体性社会格局,但当时国家与社会之间只是一种“有限分离”,从事社会服务的主体依然是体制内的“行政社会工作”,社会工作的社会性特征并没有彰显。与此同时,随着市场经济的发展,这一时期百姓的生存性福利已经得到了基本保障,中国社会逐渐需要一种发展性福利活动。所以,恢复社会工作教育,提升行政社会工作者的工作能力,一改以往行政社会工作简单社会救助的工作内容成为必要。这一时期对社会工作的专业性要求开始提升,但社会工作的社会性特征尚未显现。此时的社会工作处于一个行政社会工作的专业化转型期,是一种“专业化的行政社会工作”。

第四,“专业社会工作”(对应图1中的象限四)是一种专业性与社会性双向发展的社会工作,以社会建设时期的社会工作为代表。进入21世纪以来,随着社会建设的推进,社会领域开始加速发展,社会工作的社会性也在逐步发育并日渐显现。社会工作机构陆续产生,社会工作服务体系逐步健全,社会工作实务领域的短板和欠缺得到了补足,社会工作真正成了“为社会的社会工作”。

同时，随着人民生活水平的日益提高，社会问题的复杂性和多样性愈益显现，在社会建设的过程中社会工作已经成为一种发展性福利活动，其专业性不断提升。这一时期已经出现了由社会力量提供专业社会服务的"专业社会工作"，社会工作处于一个社会性和专业性双向发展的阶段。

中国社会工作发展的四个历史阶段，也可以被视为社会工作的四种"理想类型"。四种"理想类型"之所以不同，主要是因为其专业性要素和社会性要素不同。但需要指出的是，"专业社会工作"的产生，并不意味着其他三类社会工作的消失。虽然历史已经成为过去，但当下我国各地区、各领域社会工作的专业性与社会性发展并没有做到齐头并进。例如：一些社会工作机构虽然由"社会力量"组织，但其专业性悬空，属于"准专业社会工作"；一些社会工作机构虽然具备社会工作的专业性特质，但其过度依赖于政府，不具社会性，属于"专业化的行政社会工作"；专业性、社会性皆不具备的"经验本位的行政社会工作"在一些地区和某些社会工作领域内仍旧存在。因此，社会工作的四种"理想类型"依然会长期并存。在如此现实条件下，我们应该认识到专业性、社会性共同发展的"专业社会工作"才是社会工作未来发展的趋势所在。对于专业性和社会性特征尚未发育完成的社会工作，我们应该正确引导、分类治理，帮助其拾起"被忽略的实践智慧"[22]，实现其社会性转向[23]。

四、结语

回眸中国社会工作发展的百年历史，每个历史阶段的社会背景和现实条件都有所不同，这也造成了社会福利形态的不同。而在不同的福利形态中，对社会工作专业性和社会性的要求也有所不同。恰是由于这样一种专业性和社会性的不同，产生了不同类型的“社会工作”，带来了中国社会工作百年间的跌宕起伏。

今天我们已经进入了中国特色社会主义新时代，我国社会主要矛盾已经转化为人民日益增长的美好生活需要和不平衡不充分的发展之间的矛盾，从国家与社会关系到社会福利需要都发生了重要的改变。在如此背景下，社会工作需要积极回应新时代发展的要求，根据社会主要矛盾的转变而有所改变、有所创新、有所作为。[24]一方面，“美好生活需要”表达的是一种涵盖了政治、经济、文化、社会、生态领域的全面需要，更是一种给予人民获得感、幸福感与安全感的感受性需要。在新时代，社会工作已经成了一种“幸福性福利活动”，这就对社会工作的专业性提出了更高的要求。另一方面，我国社会发展中仍存在着发展不平衡不充分的问题，依然需要社会工作的长期存在，而这种不平衡不充分不仅包括经济、地区、城乡等方面发展的不平衡不充分，还包括国家与社会关系之间的不平衡以及“社会领域”发展的不充分。故而，新时代需要社会工作的社会性进一步提升。现阶段我们要做的是在进一步明确社会工作专业定位、完善社会工作制度结构的基础上，增强社会工作的专业能力建设，强化社会工作的社会性转向，从而建构社会工作的不可替代性，化解社会工作百年发展中的弱势因素。

参考文献

[1]　何雪松.社会工作的理论追求及发展趋势[J].西北师大学报(社会科学版)，2017，54(4)：11－16.

[2]　罗比特·K.默顿.社会理论和社会结构[M].唐少杰，齐心，等译.南京：

译林出版社,2006.
[3] 罗比特·K.默顿.十七世纪英格兰的科学、技术与社会[M].范岱年,吴忠,蒋效东,译.成都：四川人民出版社,1986.
[4] 徐永祥.社会工作是现代社会管理与公共服务的重要手段[J].河北学刊,2007(3)：67－69,73.
[5] 孙立平.传统与变迁：国外现代化及中国现代化问题研究[M].哈尔滨：黑龙江人民出版社,1992.
[6] 孟亚男,栾文敬.民国时期的社会工作实务及其本土化探索[J].甘肃社会科学,2016(5)：34－38.
[7] 刘振.试论留学生对民国社会工作教育本土化的贡献[J].社会工作,2013(4)：124－129,155－156.
[8] 张岭泉."国家—社会"视野中的民国社会工作发展史[J].社会工作,2012(10)：4－7.
[9] 孙立平,王汉生,王思斌,等.改革以来中国社会结构的变迁[J].中国社会科学,1994(2)：47－62.
[10] 李汉林.中国单位社会：议论、思考与研究[M].上海：上海人民出版社,2004.
[11] 田毅鹏.转型期中国社会原子化动向及其对社会工作的挑战[J].社会科学,2009(7)：71－75.
[12] 任学丽.从基本重合到有限分离：单位制度变迁视阈下的国家与社会关系[J].社会主义研究,2010(3)：46－49.
[13] 徐永祥.城市社区建设的体制创新与社会工作[J].探索与争鸣,2004(12)：22－23.
[14] 徐永祥.政社分工与合作：社区建设体制改革与创新研究[J].东南学术,2006(6)：51－57.
[15] 杨君,徐选国,徐永祥.迈向服务型社区治理：整体性治理与社会再组织化[J].中国农业大学学报(社会科学版),2015,32(3)：95－105.
[16] 王思斌,阮曾媛琪.和谐社会建设背景下中国社会工作的发展[J].中国社会科学,2009(5)：128－140,207.
[17] 刘振,徐永祥.中国社会工作的生成路径与发展困境：基于历史制度主义的分析[J].天府新论,2017(5)：96－103.

[18] 童星.从“成果共享”到“共享发展”[J].贵州师范大学学报(社会科学版),2017(1):28－35.
[19] 王小章.从“以经济建设为中心”到“以社会建设为重心”[J].浙江学刊,2011(1):182－188.
[20] 耿显家.新中国建立以来社会组织发展轨迹考察:基于“国家与社会”角度的分析[J].西北师大学报(社会科学版),2017,54(5):60－66.
[21] 顾朝曦.发展社会工作专业教育 夯实社会工作人才基础[J].社会治理,2017(3):15－17.
[22] 侯利文,徐永祥.被忽略的实践智慧:迈向社会工作实践研究的新方法论[J].社会科学,2018(6):82－93.
[23] 徐选国.中国社会工作发展的社会性转向[J].社会工作,2017(3):9－28.
[24] 王思斌.积极回应新时代对发展社会工作的要求[J].中国社会工作,2017(31):61.

专业性与社会性的互构：里士满社会工作的历史命题及其当代意义①

刘　振　徐永祥

一、问题的提出

1917 年，玛丽·埃伦·里士满的划时代著作《社会诊断》一书出版，自此开始了社会工作对科学性与专业性的追求，实现了从慈善工作向社会工作的转变[1]。当时与里士满齐名的还有美国赫尔馆(Hull House)的创建人——简·亚当斯。1889 年，亚当斯在英国汤恩比馆学习之后，效仿其模式在美国芝加哥建立了著名的赫尔馆，将睦邻组织运动引入美国，开创了社区工作的先河。学界普遍将里士满和亚当斯视为社会工作注重个人治疗和环境改善两种服务取向分歧的根源[2]，换言之，两者是社会工作中专业化和社会化两种取向最初的发端。有别于其他国家的是，美国的社会工作在后续的发展中受到外部环境的影响，逐渐呈现“去社会变革化”的特

① 本文曾发表于《学海》2019 年第 4 期，此次收录略有修改。

征[3],走上了个体化、微观化的发展道路。对此,曾有西方学者提出过严厉的批评,称其为“背叛/堕落的天使”[4]。在他们看来,这种过分依靠个体服务来解决社会问题的方法和途径会使社会工作背离其帮扶弱势群体的初衷,沦为可收费的心理治疗工具。这样,社会工作中的“社会”二字将再无意义。中国学界也看到了这一点,社会工作“去专业化”和“反专业化”的论述开始出现[5][6],社会工作回归社区、回归社会的讨论也成了热点[7][8]。如此一来,社会工作的专业性与社会性之间似乎是非此即彼的关系,存在着某种不可消除的张力。

就社会工作的“社会性”而言,学界更加青睐于以推动制度变革、维护公平正义为核心的睦邻组织运动,大都认为睦邻组织运动更接近于社会工作帮助和服务底层民众的专业使命。但在社会工作的发展中,“找回社会”并非只是回到亚当斯所开创的“社区为本”的传统立场。里士满也是人们公认的社会工作创始人,她的社会工作思想是否存在着社会性的元素?社会工作的专业性与社会性之间具有何种关系?两者之间是否真的存在着某种不可消除的张力?这些是值得我们探讨的问题。在这里,笔者并非想分清里士满和亚当斯的社会工作思想孰优孰劣,只是想通过对里士满社会工作思想的探讨,消除专业性与社会性之间的张力,并从另一个视角审视社会工作的社会性,以期给我国社会工作的发展带来一定的启示。

二、何为社会性:社会工作中“社会”的多重含义

社会工作起初因专业性的缺失而遭到了学界的批评,后来又

因对社会性的背弃而屡遭学者诟病。何为专业性？学界早已有了深入的探讨，但何为社会性至今依然是众说纷纭。早先有学者在追溯西方社会工作历史发展过程后，指出“社会工作中的‘社会’二字就是提醒我们所要追求的社会目标，有着改变社会以及达致社会公义的含义”[9]；后又有学者在卡尔·波拉尼的启示下，强调社会工作社会性的本体论意义，将社会工作视为一种社会的自我保护机制[10][11]；也有学者在社会变革的视角下理解社会工作的社会性，认为自上而下的主动变革和自下而上的社会抗争是社会工作“社会导向”的应有之意[12]；还有学者强调社会工作中的“社会”二字有“社会关系”的意涵，认为社会工作的社会性基础是人与人之间的交往联系，这既是社会工作的目的，也是社会工作的手段[13]；另有学者从社会理论的视角来理解社会工作中的社会性，认为反思性和政治性是社会工作中“社会”之维的设定[14]，回到“社会”的社会工作则需要理顺自己的社会理论基础，以理解社会工作背后“不确定的实践领域”[15]。

由此不难看出，虽然当下社会工作研究中回归社会、重拾社会、社会转向等呼声时常发出，但不同学者是站在不同的角度来理解社会工作中的“社会”二字的。笔者认为，我们不能以偏概全，而应从全面的视角来审视社会工作中“社会”的意涵。首先，在本体论层面上我们可以将“社会”理解为一种作为服务主体的社会，即社会工作的服务主体是由以社会组织为代表的社会力量构成的。其次，在认识论层面上我们可以将“社会”理解为关注社会环境的影响，在社会脉络中解释、解决案主的社会问题，即社会工作的经典命题——“人在情境中”。再次，在方法论层面上我们可以将“社会”理解为通过调整社会关系、推动社会结构变迁来解决社会问题。最后,在价值论层面上我们可以将“社会”理解为社会工作具有追求社会公平正义、维护社会团结的价值旨向和社会功能。下面,笔者将从主体论(谁来从事社会工作)、认识论(怎样看待社会问题)、方法论(如何开展社会工作)和价值论(具有何种价值功能)四个维度对里士满社会工作思想进行审视和再思考。

三、百年误解：里士满视域下的“社会工作”

自《社会诊断》一书出版起,里士满的社会工作思想就展现出了对科学性和专业性的强烈追求,表现出了浓厚的病理实践取向[16]。但里士满对社会工作专业性的追求,并非意味着对社会工作社会性的放弃。或许,后人一直在误解里士满——因里士满对专业性的强烈追求而将其社会工作思想中社会性的一面掩盖起来。

(一) 谁来从事社会工作：一种有组织、有慈善精神的志愿服务机构

19 世纪中后期,美国很好地把握住了第二次工业革命的机会,一跃成为世界经济的领跑者,但在急速工业化的冲击下,大量人口集中到城市,贫困、失业、犯罪、通货膨胀等问题层出不穷。当时的美国,从民间到各级政府都在寻求社会问题的解决之道,就在此时,慈善组织会社、睦邻组织运动等社会运动“由英转美”,大批志愿性服务机构在美国产生。不论是慈善组织会社,还是睦邻组织运动,其倡导者和创立者都是教会牧师,众多其他救济协会和救助机构也都起始于教会。社会工作的形成与基督教公益慈善密切相关[17]。

在里士满看来，教会是世界上最伟大的反贫困组织，因为它把心思放在“人”的身上，为让人们拥有更好的生活而斗争。里士满曾说：“教会为我们提供了慈善工作的动机，它鼓舞了许多其他行业的工作者参与到慈善工作中。教会将我们带上了生命的战场，参与众多问题的抗争运动中。如我曾经所言，若没有教会提供的慈善动机，我们一部分社会工作就无法完成。”[18]可见，教会能够为慈善和救济活动提供价值观的指引，而慈善事业功效的提升则主要是依靠慈善事业的组织化。对此，里士满曾强调，“当下人们并不认为自己对邻居负有责任，而这只能由慈善组织给予弥补和替代，每个大城市都有必要具备一种组织良好的社会救济形式，以应对社会结构的改变”[19]。那么，何为“有组织”的慈善事业？什么样的慈善组织才是令人满意的呢？1900年，里士满在《慈善评论》上发表《什么是慈善组织？》一文，对这些问题进行了专门讨论。她认为，“慈善是一种伟大的精神力量。但由于缺乏知识和组织，这往往是一种盲目的力量，然而我们看到和宣告的愿景应该是一个纯洁、开明的慈善机构。这样一种慈善机构能够无限发展，能够成为一种伟大的社会力量”[20]。慈善组织建立的主要目的是避免慈善中的欺骗与资源浪费。一个令人满意的慈善组织，首先应该是一个具有慈善精神的机构，同时也应该是一个“有组织”的机构。这样一种由社会力量构成的慈善组织强调合作原则、调查研究和注册登记，有一批受过专业教育的“友善访问员”，从不会把精力和资源浪费在“冒牌者”身上，可以更有效地传递慈善理念、开展救济服务。

（二）怎样看待社会问题：个体因素与结构因素交互作用的结果

慈善组织会社自成立起，就主张贫穷是个人的责任，社会工作者应该通过个案调查来了解贫困者贫困的原因，进而有针对性地给予帮扶。虽然里士满一直坚持慈善组织会社“社会调查”和“组织间合作”的方法，并逐渐将其发展成以“社会诊断”为核心的专业化慈善模式，但与慈善组织会社观念不同的是，她并不认同贫困是由单一的个人因素所造成的。在对慈善组织会社“个人主义”贫困观进行批判性反思的基础上，里士满对贫困产生的原因提出了自己独特的看法：“一方面，我们专注于个体，就会夸大致贫因素在个体身上的重要性，可能会过度强调个体身上那些缺乏道德精神的恶习，如酗酒、无节制浪费、懒惰或者无能，甚至我们中有些人会轻率地将贫困者所有的困难都归因于酗酒或懒惰；另一方面，参与社会服务的某些人，常常会夸大那些个体之外的致贫因素，在他们看来，糟糕的工作条件和不完善的法律似乎是造成贫困的全部原因。甚至一些社会工作者可能会说，贫困者的遭遇是源于他们自身无法掌握的社会状况……贫困的原因则在于上述两种极端之间。”[21]在里士满看来，一名合格的社会工作者决不能将贫困归因于个体的不自爱，也不能过度强调社会结构和环境因素。“贫困的事实是个体原因和社会原因相互作用的结果，当寄生虫恰巧同时是一名贫困者时，我们称其为乞丐。贫困与有被救济资格完全是两回事，贫困者或许是因为环境的压力而变得一无所有，被迫去接受救济，然而一个真正的乞讨者，无论是贫穷还是富有，其心理上都有寄生虫的习性。”[22]社会工作者要做的则是从个人和环境两个层面进行有效干预，消除一部分贫困者心理上的“寄生虫”习性，从根本上解决问题。

（三）如何开展社会工作：微观社会治疗与宏观社会改革相结合

如上所述，里士满认为社会问题的产生是个人因素与社会结构因素交互作用的结果，不能将问题归因于任何单一因素。那么，在这一认识论前提下，社会工作实务应当如何开展呢？社会改革的热情支配着20世纪初的美国社会，当时的社会工作学术界和实务界普遍认识到，以个人为对象的社会服务具有一定的局限性，社会结构的改革也是解决社会问题、实现个人全面发展的重要途径之一。对此，里士满同样深有体会。在日常的个案社会工作中，里士满发现很多案例难以运用社会工作理论、技巧加以解释和解决，这些案例的失败大都可以追溯到制度和法律层面的缺失或不足[23]。这引起了里士满的思考，她密切关注国家及各个城市的每一次社会改革和进步运动，逐渐成了改革和立法的推动者。在垂暮之年，里士满撰写了《童婚》《婚姻与国家》等著作，认为童婚等类似的社会问题是社会因素导致的，倡导通过宏观结构层面的改革予以应对[24]。虽然社会结构的改善一直是里士满开展社会工作的重要抓手，但里士满也并不是单一倡导宏观层面的社会改革。她同样认识到个案社会工作和社会改革二分的必要性。在《零售法的改革》一文中，里士满表明了她的社会工作理念和基本立场。她将慈善组织会社关注个体的服务方法（个案社会工作）和反奴役、反童工等社会改革活动分别比喻为“零售法”和“批售法”[25]。在里士满看来，个案社会工作是社会改革的重要一环，解决社会问题的具体途径在于将改善社会条件与改进家庭探访技巧相结合，这两者之间是相互支持、相互联系的。

（四）具有何种价值功能：调整社会关系，促进个人与社会的和谐发展

里士满把个案社会工作和社会改革都视为社会工作的重要手段，两者的连接点在于社会关系的调整。在《什么是个案社会工

作》一书中，里士满将个案社会工作定义为“用以调整个人与个人之间关系以及个人与社会之间关系的一门艺术”。[26]这样，社会关系成为社会工作介入的对象，个案社会工作主要用以调整微观个人之间的关系，社会改革主要用以调整个人和社会之间的关系以及社会制度安排之间的关系。而通过社会关系的调整，实现个人与环境之间的和谐发展，则是里士满视域下社会工作的价值功能所在。对此，里士满曾明确指出：“社会工作的核心价值在于维护和发展个性，以实现个人与社会环境之间的平衡。”[26]这里需要强调的是，里士满所谓的社会环境并不仅仅是物理空间上的环境，而是一个广义上的概念：“辞典里将环境定义为‘周围事物和条件的总和’。但当我们在前面放上‘社会’二字时，很明显，很多个人和事物被排除在外，还有很多替代物被包含在内。环境不再仅是空间上的环境，它扩大到人的思想范围，扩展到维持关系的能力界限，同时也排除了所有对它的情感、精神生活没有任何实际影响的事物。”[26]可以看出，里士满将社会环境定义为社会关系的综合体。个人生活在社会关系网络之中，通过一些社会行动调整社会关系网络，实现个人与社会的和谐发展既是社会工作的方法技巧，也是社会工作的价值功能，更是社会工作“人在情境中”思想的重要体现。

综上所述，里士满所说的专业社会工作并不是以个人为中心的微观社会工作，也不只是单一强调宏观取向的社会改革，而是一种以社会关系为介入对象的社会服务活动。就社会工作的主体而言，里士满强调的是由一种有组织、有慈善精神的志愿服务机构来开展社会工作；就社会问题产生的原因而言，里士满认为以贫穷为代表的社会问题主要是个体因素与结构因素交互作用的结果；就社会工作的方法而言，里士满倡导的是一种微观社会治疗与宏观社会改革相结合的实务方法；就社会工作的价值功能而言，里士满主张通过社会关系的调整，达到个人与社会的和谐发展，实现社会的民主团结和公平正义。可以说，不论是主体论层面、认识论层面、方法论层面，还是价值论层面，里士满的社会工作思想中都或多或少涉及了“社会”的要素。这里值得指出的是，里士满对于社会工作中“社会”二字的理解，尤为强调的是“社会关系”的意涵。笔者认为，里士满的社会工作思想更多的是建立在“沟通理性”的基础上，形成一种关注人与人之间关系、个人与社会之间联系的社会性，这也正是社会工作相较于其他专业、职业的特殊性所在。

四、同源、共生、互构：社会工作的专业性与社会性的关系

国际上，学界普遍将里士满的社会工作思想视为社会工作的专业性之源，但通过对里士满社会工作思想的梳理，我们不难看出，里士满的专业社会工作中也有“社会”的属性。可以说，里士满在追求专业性的同时，又不失对社会性的要求。因而，社会工作的专业性与社会性之间并没有一道不可逾越的“鸿沟”，而恰恰相反，两者处于一种同源、共生乃至互构的发展状态。

第一，社会工作专业性与社会性的同源。社会工作是工业化和市场化的产物。工业化、市场化使生产力迅速提升的同时，也带来了一系列的社会问题。社会工作的专业性与社会性均是为应对这些问题而产生的。在社会结构闭塞的传统农业社会中，其保障和救济以分散的形式在家族之间、团体内部和区域范围内进行。但工业化与市场化的来临改变了既有的社会结构，打破了传统的

保障和救济形式,人们不能再很好地享有基于血缘、地缘的救助和帮扶。正是这样一种旧的社会救助体系已然失灵,但新的社会问题又日渐增多的现实情境,呼唤着某种新的社会救助体系的产生。在当时,对新社会救助体系的诉求主要存在专业化和社会化两种倾向:一方面,工业化、市场化改变了社会福利结构,提高了社会力量在社会救济中的参与度,形成了一种社会福利社会化的思路;另一方面,大量新兴社会问题的产生,催生了避免资源浪费、实现社会救助"精准化""精细化"的要求,进而形成了一种慈善事业专业化的导向。正因为如此,在当时美国进步主义思潮的影响下,打着"科学慈善"旗号的慈善组织会社和倡导社会福利社会化的睦邻组织运动蓬勃发展起来,成为社会工作的前身。因此,社会工作的专业性和社会性均是为应对工业革命所带来的社会问题而产生的,两者具有同源性。

第二,社会工作专业性与社会性的共生。近年来,社会工作重返"社会"既是一个全球性议题,也成了本土性的焦虑。诚然,社会工作之所以被称为"社会"工作,固然有其"社会"意涵在其中。学界普遍强调"社会"才是社会工作发展中的关键因素,无疑有其合理性,但我们在追求社会工作社会性的同时,也不能忽略社会工作专业性的存在。因为作为一个独立的专业,社会工作与慈善活动、志愿服务必然有不同之处,即社会工作有着对科学化、职业化的追求。很早就有学者对社会工作中的"专业主义"表示忧虑:"一旦将专业化当作实现专业人士自身利益的手段,以助人为使命的社会工作将有可能成为追逐私利的专业活动。"[27] 但是,专业性并非"专业主义",社会工作在回归社会性的同时也不能放弃对专业性的要求,成为单一强调社会道德、公平正义的慈善活动和志愿服务。实则，“专业”的词义中就带有获得报酬的意思，社会工作机构、社会工作者依靠其职业活动获得相应的报酬、地位甚至权力都是正当的。只要不是放弃了社会工作专业价值观，一味地把社会工作服务视为牟利的手段，利用其专业知识和职业地位来获得政府资源、牟取个人利益，就并非专业主义的行为。社会工作专业是经历了一段与慈善活动、志愿服务的短暂伴生关系后逐渐发展成熟并慢慢分离出来的，这实际上就是社会工作在理论和实务上追寻专业化的过程[28]。因此，专业性是社会工作专业存在的前提，我们在保持社会工作社会性的同时，也需要强调社会工作的专业性，促进社会工作的专业化发展。笔者认为，社会工作的专业性和社会性是一对共生的概念，离开了社会性，社会工作会偏离其价值走向，沦为治理的技术性工具；而失去了专业性，社会工作又会丧失其存在的“合法性基础”，成为人人都可以从事的职业。简言之，专业性与社会性是社会工作存在的一体两面，共同构成社会工作存在的基础，缺一不可。

第三，社会工作专业性与社会性的互构。社会工作的专业性与社会性除了具有共生关系之外，还具有一种互构关系，即两者之间有一种相互支撑、相互形塑的关系。自社会工作诞生起，偏重个体性治疗（专业性）还是注重社会层面的改革、强调社会正义（社会性），就一直是一个争论不休的话题。通过对里士满社会工作思想的梳理，我们不难看出，社会工作的社会性和专业性之间并不是没有整合的可能性。一方面，社会工作的专业性是社会性的微观基础，微观的社会实践是社会发展的原动力，社会改革只有从具体事实出发，才能有效达到个体层面；另一方面，社会工作的社会性是专业性的重要保障，宏观社会改革能够给微观专业实践创造制度性条件，以提高专业实践的效率，从而更好地促进社会工作的专业化发展。概言之，社会工作的专业性和社会性并不是一对此消彼长的概念，而是一个相互促进的过程，两者均是遵循社会工作发展的实践逻辑，为实现社会工作的专业目标服务的。

总之，社会工作的专业性与社会性之间并不是“非此即彼”的关系，而是一种同源同构、共生共变、相互支撑、共同发展的互构性关系。回顾改革开放以来中国社会工作的发展历程，我们可以看出，改革开放之初，“经济转轨、社会转型”过程中社会问题的日渐增多，给民政工作带来了一系列的困难和压力，产生了社会服务（社会工作）专业化的诉求。正因为如此，社会工作作为一种教育培训制度在中国得到了恢复和重建[29]。在“教育先行”的发展路径中，我国社会工作的专业性特征开始显现，但恢复之初社会工作的专业化发展更多的是停留在理论层面，其实践领域则是“一片空白”，社会性特征更未出现。后来随着市场化改革的进一步推进，社会领域日渐扩大，社会工作开始了社会性转向。但是，在中国社会工作的社会性转向中，其专业性特征并没有退却，反而是加速前进、快速提升。中共十六届三中全会之后，在社会建设的背景下社会工作机构不断产生，为社会工作的专业化发展提供了实践的场域。政府购买服务制度的确立，又使社会工作的实践短板进一步得以补足，其专业化水平更是日益提高。因此，当下我国社会工作的专业性与社会性之间具有一种互构关系，正是两者之间的互构，形成了社会工作专业的“不可替代性”。

参考文献

[1] AGNEW E N. From charity to social work: Mary E. Richmond and the

creation of an american profession[M]. Champaign: University of Illinois press, 2003.

[2] FRANKLIN D L, RICHMOND M E, ADDAMS J. From moral certainty to rational inquiry in social work practice[J]. Social Service Review, 1986, 60 (4): 504 - 525.

[3] 李伟.社会工作何以走向“去社会变革化”？基于美国百年社会工作史的分析[J].社会,2018,38(4): 100 - 132.

[4] SPECHT H, COURTNEY M E. Unfaithful angels: how social work has abandoned its mission[M]. New York: The Free Press, 1994.

[5] 雷杰.“专业化”,还是“去专业化”：论我国社会工作发展的两种话语论述[J].中国社会工作研究,2014(1): 25 - 40.

[6] 吴越菲.社会工作“去专业化”：专业化进程中的理论张力与实践反叛[J].河北学刊,2018,38(4): 168 - 174.

[7] 张和清.社会转型与社区为本的社会工作[J].思想战线,2011,37(4): 38 - 39.

[8] 徐选国.从专业性、本土性迈向社区公共性：理解社会工作本质的新线索[J].社会科学战线,2016(8): 184 - 193.

[9] 甘炳光.社会工作的“社会”涵义：重拾社会工作中的社会本质[J]. The Hong Kong Journal of Social Work,2010,44(1): 17 - 28.

[10] 陈立周.“找回社会”：中国社会工作转型的关键议题[J].思想战线,2017,43(1): 101 - 107.

[11] 徐选国.中国社会工作发展的社会性转向[J].社会工作,2017(3): 9 - 28,108 - 109.

[12] 郑广怀,向羽.社会工作回归“社会”的可能性：台湾地区社会工作发展脉络及启示[J].社会工作,2016(5): 30 - 42.

[13] 陈锋,陈涛.社会工作的“社会性”探讨[J].社会工作,2017(3): 3 - 8,108.

[14] 何雪松.社会工作的社会理论：路径与议题[J].学海,2018(1): 113 - 116.

[15] GARRET P M.社会工作与社会理论[M].黄锐,译.上海：华东理工大学出版社,2016.

[16] 姚进忠.阐释与激活：社会工作理论的实践逻辑演进与本土化探究[J].华东理工大学学报(社会科学版),2014,29(5):9-19,37.

[17] 卢成仁.社会工作的源起与基督教公益慈善：以方法和视角的形成为中心[J].华东理工大学学报(社会科学版),2013,28(1):44-52,95.

[18] RICHMOND M E. Our relation to the churches[A]. The long view[C]. New York: Russell Sage Foundation, 1930.

[19] RICHMOND M E. Introduction Ⅱ[A]. The long view[C]. New York: Russell Sage Foundation, 1930.

[20] RICHMOND M E. What is charity organization? [A]. The long view[C]. New York: Russell Sage Foundation, 1930.

[21] RICHMOND M E. The profession and practice of begging[A]. The long view[C]. New York: Russell Sage Foundation, 1930.

[22] RICHMOND M E. Friendly visiting among the poor: a handbook for charity workers[M]. New York: The MacMillan, 1899.

[23] RICHMOND M E. HALL F S. Child marriages[M]. New York: Charity Organization, Russell Sage Foundation Company, 1925.

[24] 徐永祥,刘振.社会工作学科的先行者：里士满学术思想述评：写在《社会诊断》问世百年之际[J].学术界,2017(11):221-231.

[25] RICHMOND M E. The retail method of reform[A]. The long view[C]. New York: Russell Sage Foundation, 1930.

[26] RICHMOND M E. What is social case work? An introductory description[M]. New York: Russell Sage Foundation, 1922.

[27] 葛忠明.从专业化到专业主义：中国社会工作专业发展中的一个潜在问题[J].社会科学,2015(4):96-104.

[28] 冯元.由亲缘性到互嵌性：社会工作与慈善事业发展关系[J].浙江工商大学学报,2016(3):109-119.

[29] 刘振,徐永祥.中国社会工作的生成路径与发展困境：基于历史制度主义的分析[J].天府新论,2017(5):96-103.

中编 社会工作实务研究

本编所收文章均为徐永祥教授在社会工作实务层面的研究，共有8篇学术论文。其中，《试论我国社区社会工作的职业化与专业化》是他早期对社会工作专业化、职业化的思考；《论现代社会工作在和谐社会中的建构功能》《社会工作是现代社会管理与公共服务的重要手段》是对社会工作功能定位的探索；《社会工作服务新型城镇化建设：动因、空间与策略》《社会工作参与基层社会治理的机制创新及其实践逻辑——基于东莞市横镇的经验研究》是对社会工作介入城镇社会建设的经验总结；《涉罪未成年人社会调查制度中的问题与对策》《涉罪未成年人社会调查的理论框架及具体内容》是对社会工作参与涉罪未成年人帮扶的实践反思；《建构式社会工作与灾后社会重建：核心理念与服务模式——基于上海社工服务团赴川援助的实践经验分析》是2008年汶川地震发生不久徐永祥教授率上海社会工作服务团赴川援助后撰写而成的,文章既是对灾害社会工作的学理研究,也是他参与一线社会工作服务的真实感受。

试论我国社区社会工作的职业化与专业化①

徐永祥

自 20 世纪 80 年代以来，随着我国经济体制、社会管理体制与社会福利体制改革的不断深入，各类社会组织的职能开始分化，一些原来由政府和企事业单位承担的社会职能，逐步被剥离出来并回归社会和社区。相对于政府和市场而言的第三部门及整个社会层面开始逐步发育和壮大起来，由民政部倡导的社区服务逐步扩展为整体性的社区建设与社区发展，而职业化、专业化的社会工作之客观需求也开始显性化。但是，这种显性化至今尚未引起政府和社会各界的足够重视，包括社区在内的社会工作尚未形成职业化与专业化的制度。这种制度性的缺失，影响了社区社会工作的内涵展示以及居民对社区社会工作的认同。为此，有必要宣传我国社会工作职业化和专业化的必然性与紧迫性，研究社会工作当前面临的主要困难与问题所在，提出解决问题的对策性思路。

---

① 本文曾发表于《华东理工大学学报(社会科学版)》2000 年第 4 期，此次收录略有修改。

一、社会工作的职业化与专业化：社区可持续发展的必要条件

社区社会工作是整个社会工作体系中的一个重要组成部分，是社会工作知识、技能与方法在社区中的应用。这里所说的社会工作，并非指某人本职工作以外兼任的社会性工作，而是专指由那些尊崇利他主义价值观，掌握了相关系统的科学知识、方法与技能的职业社会工作者所提供的专业化社会服务、社会教化和社会矫治以及相关的管理活动等。社会工作涉及的领域相当广泛，如社会扶贫与社会救助、社区服务与社区管理、社会犯罪预防与社会矫治、家庭暴力防范，以及残疾人社会工作、老年人社会工作、青少年社会工作、妇女社会工作、医疗社会工作、精神康复社会工作等。

可以这么说，尽管社会工作涉及如此广泛的领域，但由于社会工作的对象、场地多数在社区内，许多从事社会工作的专业团体大都在社区设有分支的服务机构，因此社区实际上是社会工作最重要的载体。从社会工作的社会功能来看，它对于改善居民的生活方式，提高居民的生活质量，引导居民关心和参与社区发展，帮助弱势人群解决问题与困难，增强居民的社区意识和社区归属感，缓解社会矛盾，维护社会的秩序和稳定，促进人的全面发展与社会进步，都有着其他知识与方法无法替代的作用。事实上，自 20 世纪 30 年代以来，随着社会工作职业化、专业化制度在英、美等发达国家的确立以及在其他国家和地区的拓展，社会工作的上述社会效能、社会工作者的奉献精神及其解决问题的科学技能与方法，已经获得了越来越多国家及地区的政府、社会团体和社区居民的普遍

认同。

当然,职业化和专业化是社会分工选择的必然结果。职业化和专业化的程度,实际上反映了一个国家、民族或地区经济与社会发展的状况。对于社会工作来说,职业化的含义就在于社会工作从其他社会领域中分离出来,独立成为一个有别于其他劳动、具有自身特色的职业领域;专业化则是从科学理论、方法及其应用的意义上而言的,意指社会工作职业具有特色的、系统性的科学理论、方法和技巧,只有掌握基本的理论、方法和技巧,方能成为一名职业的社会工作者。

值得一提的是,在欧美等发达国家、一些发展中国家及地区,在社区服务机构任职的所有社会工作者同医生、律师一样,均已实现了职业化与专业化。这就意味着,凡是未经社会工作专业系统训练者,就无法获取社会工作的执业资格,就不能从事社会工作事务。这种职业化与专业化,在社会分工日趋细化的情况下,对于实现社区发展的既定目标,保障社区工作的科学性、人性化与高效率,无疑是极其重要的。

相比之下,我国在推动社区建设与社区发展的进程中,社会工作的职业化与专业化制度至今未能引起政府和社区组织等的重视。自20世纪50年代中期到70年代末,经济类组织、社会管理与社会服务组织、教育文化类组织乃至社会团体,由于在运作目标、职责和利益上与政府具有高度的同一性,事实上成了各级政府下属的“单位”。这些各行各业的单位都是既相对封闭又功能重叠的“小社会”。职工在经济收入、社会福利、社会安全、文化教育乃至住房安置等方面,皆成为由所属单位安排包办的“单位人”。而人们的居住地则是一种与居民耦合程度较低的“亚社区”,即内在价值被严重低估、社会角色不清、社会功能萎缩、社会机制发育不良、居民依赖度和参与度极低、单一行政化了的社区。与此同时，社会各个阶层、社区居民对职业化、专业化的社会工作机构及其服务的客观需求也无从谈起。

改革的逐步深化和社会主义市场经济的不断发展，使得各种社会组织的功能开始分化和多元化，人们的利益需求也日益多样化，人们的“单位人”属性开始向“社会人”属性转变，也使得计划经济体制下的“亚社区”开始了向现代社区过渡与转型的进程。在这一背景下，社区建设与社区发展对于居民生活质量的提升、基层社会的重建、基层民主的发育、社会秩序的稳定、精神文明的建设、现代城市的管理等方面的价值与功能，正日渐凸显出来，且愈益为人们所重视。近年来，各级政府以及一些社会团体在社区建设上的财力、物力、人力的投入与扶持呈显著增长的趋势，居民的生活环境有了明显的改善。“社区”已成为城市居民的一个通用性词语，“社区工作”也成为政府部门、一些社会团体和社区组织积极介入的领域。但是，目前我国的社区建设、社区发展和社区工作因尚未引入职业化、专业化的社会工作制度，加之操作过程中存在经验主义思想等，故一直停留在粗放的发展阶段。这种制度性的缺失和粗放型发展导致难以有效地吸引一大批优秀的专业人才加入社区建设，难以使社区建设和社区工作转移到以内涵发展为主的轨道上来。而缺乏内涵发展的社区建设与社区工作，就不能紧贴居民实际需求并提供专业性和高质量的社区服务、社区矫治、社区管理等，就很难提高社区工作机构及社区工作者的社会声望，很难增强居民的社区归属感以及提高居民的社区认同度，同时也不可避免地增加了政府的经济成本、社会成本和道德成本，并增加了从“亚社区”向现代社区过渡与转型的难度。

总之,职业化、专业化的社会工作制度,是现代社区可持续发展的必要条件之一。对我国来说,建立这种制度是“亚社区”向现代社区过渡和转型的前提条件。没有这一前提条件,社区和有关的社会团体就难以有效地承担政府和企事业单位剥离出来的社会职能,就难以用专业性的知识和方法去创造新的服务内容与服务项目,就难以科学、有效地去解决新生的社会问题,也不可能建立完整的与现代化相匹配的社会福利和社会保障体制。只有站在我国经济与社会协调发展的高度,站在社会转型的高度,站在社区可持续发展的高度,我们才能真正认识到社会工作职业化和专业化在我国现阶段的历史必然性和现实紧迫性。

二、社会工作职业化和专业化面临的主要问题

诚然,改革开放、社会组织职能的分化与多样化、社区建设与社区发展,为我国社会工作的职业化与专业化发展提供了丰厚的现实土壤。但是,我国社会工作事业毕竟起步较晚,其职业化与专业化进程面临着许多不容回避的体制、观念、价值定位和人才等方面的问题。概括起来,这些问题主要表现为以下五个方面。

第一,一些政府部门对某些社会工作事务包办代替。如同其他领域一样,我国社会工作事业从总体上看属于“政府主导型”模式。问题在于,包括城市的街道办事处和农村的乡镇政府在内的一些政府部门,至今仍难以割舍计划经济体制下的某些社会职能,故而自觉或不自觉地包办本应由社会服务机构或社会工作人员所承担的事务。这种新形势下的“政社不分”,不仅降低了政

府的工作效率，而且客观上也阻碍了社会工作的职业化和专业化发展。

第二，一些群众性政治团体以非社会工作的手段涉足社会工作事务。这些政治团体在计划经济体制下确实做了许多诸如关心和保障妇女儿童权益、帮助贫困家庭与孤寡老人等公益性事务，在今天也确实开拓了一些社会服务的新领域，如再就业培训、组织志愿者活动等。但它们的行为主要还是政府行政行为的延伸，它们的工作方法主要还是思想政治工作方法，而非职业化的和专业化的社会工作方法。此外，由于这些政治团体的政治影响力和社会影响力过于强大，因此客观上也会抑制其他社会服务组织的发育和成长。

第三，已发展起来的社会服务机构或中介组织虽已初步具备了社会工作机构的雏形，但在职业化和专业化方面还存在着诸多不足之处。例如，我国许多地方的慈善基金会、希望工程办公室、社会福利院、社区服务中心、老人服务中心以及其他一系列服务机构，就其目标任务、组织架构等方面的情况来说，无疑是从事社会工作任务的机构，然而，这些机构运作的基本方法大多并非科学的职业化和专业化的社会工作方法，而只是一些经验性的做法或政府行政行为的延伸。即使从各类社会服务中心和老人服务中心的价值目标来看，许多机构的定位类似于企业，注重功利性的赢利，而非公益性的社会服务。此外，这些机构中的社会工作人员和管理人员，绝大多数并未受过社会工作专业知识与方法的训练，其社会工作的能力、水平和效益也就无法达到现代意义上社会工作的要求。

第四，政府领导层及社会各界对社会工作职业的认识不尽一致，科学、合理的评价体系尚未建立起来，高素质的人才从事社会工作的积极性较低。就政府领导层而言，对“社会工作乃专业化较强的专门职业”这一命题，目前恐怕只有民政部门的领导会积极认同。在许多人的眼里，社区社会工作或等同于思想政治工作，或等同于市场化的劳务活动。这种认识同对医生、律师等专门职业的认识可谓大相径庭。而这种认识必然影响整个社会对社会工作职业的评价。“中国城市居民职业声望量表”的统计显示，我国至今尚无获得承认的社会工作职业，仅有与此相关联的“社区服务人员”的职业，而该职业的声望则排在饭店厨师、出租车司机、邮递员、公共汽车司机的后面，居于第53位，略高于殡仪馆工人、商店售货员、保姆、建筑业民工等。人们的这种认识必然会有形或无形地制约着社会工作的职业化和专业化发展。

第五，我国人事制度缺乏社会工作专业技术职务的岗位设置，专业人才的培养、供给也相对不足和滞后。作为一种专业性较强的助人自助的职业，在一些发达国家及地区，社会工作的触角相当广泛，在服务特定人群、缓解与化解社会冲突、教化边缘群体、维护社会稳定等方面，发挥了独特、高效的功能。相对而言，我国民政工作系统的人事制度至今也未能设置社会工作者的专业岗位。这种制度性缺失决定了我们在今天很难吸引高素质的专业人才从事社区和社会工作事业。当然，这一状况与社会工作专业人才的稀缺也不无关系。截至2000年，能够培养本科水平社会工作者的普通高等学校只有40所左右，而已毕业的社会工作学士还不足2 000人。至于能够培养社会工作专业硕士与博士研究生的高校，目前的情况则是一片空白。当然这些是专业社会工作人才供给不足的重要原因。

三、推动社会工作职业化、专业化发展的若干对策

从根本上说，实现包括社区工作在内的社会工作的职业化和专业化，有赖于经济体制、政治体制、社会管理体制、社会福利与社会保障体制改革的深化，有赖于人事制度和社会工作制度的创新。在体制改革和制度创新的进程中，政府、社会工作机构和学术界应携起手来，采取切实有效的对策，共同推动我国社会工作的职业化和专业化发展。这里笔者提出四点意见。

第一，要用改革的精神着力克服一些政府部门因袭下来的“以政代社”“政社不分”而包办社会工作事务的弊端，从制度上明确政府、社会服务机构、社会自治组织在社会工作事务方面的职能与权限。政府要明确自己的职能，做到有所为和有所不为。有所为就是要用现实性和前瞻性的眼光，制定我国社会工作事业的发展战略、发展规划及有关政策与法规，调动必要的资金并通过招标的方式推动社会工作项目的建设，指导、监管和考核各社会服务机构与中介组织的工作，规范它们的价值目标和组织行为。有所不为就是除了政府行政管理职能范围内的事务外，其他一切事务都应被剥离出来，让权、让利、让事于各类社会服务机构及中介组织。

第二，要积极引导与鼓励工会、妇联、共青团等群众性政治团体及其下属机构，掌握并运用专业化的社会工作知识和方法介入社区社会工作事务。我们应当承认，这些群众性政治团体实际上已承担了部分社会服务的工作，并且它们都有从事社会工作的积极性及特定的工作对象。在社会工作事务尚无法从它们的团体事务中分离出来之前，在社会工作职业化分工短期内难以被厘清的

条件下,引导这些团体的下属机构走向专业化是完全可能的,让这些团体的一部分工作人员走向职业化也是完全可能的。这或许也是当前社会工作的一大特色。

第三,要在政府指导下,依靠社会工作教育机构,有计划、有步骤地对在岗的各级社区及机构的社会工作人员和管理者进行系统的培训,努力提升他们的专业能力和专业水平。同时,各级政府和社会服务机构要积极吸收社会工作专业的本科生和研究生投身于社会工作事业,以提高队伍的整体水平。此外,有关方面还应参照发达国家和地区的成功做法,积极筹划和实施适用于我国社会工作者的专业技术职务晋升制度,切实提高社会工作者的社会地位和收入水平。也就是说,要采取积极的、切实可行的法律法规与政策,建立科学、合理的评价体系,促进社区和各类社会服务专业机构及其工作人员的专业化和职业化。

第四,要大力发展社会工作教育事业,解决社会工作专业人才稀缺的问题,培养一支富有社会工作价值观的,掌握现代社会工作理论、知识、方法和技巧的专业人才队伍。同时,社会工作教育要实现系列化。这里讲的系列化,主要是指学历教育与非学历教育的系列化。笔者认为,当前以及在未来的几年中,除了抓好非学历教育的专业培训外,我们还应继续积极地发展专科与本科教育,积极试点社会工作硕士研究生(MSW)和社会工作博士研究生(DSW、PHD)的培养工作。在社会工作专业研究生培养方面,目前我国高校的情况几乎为空白。与之形成鲜明对照的是,美国在1998年共有152所大学有权颁授社会工作硕士学位,65所大学有权颁授社会工作博士学位,在校研究生达到36 390人(在职生12 314人,占在校研究生人数的33.8%,女学生为24 260人,占在校研究生人数的66.7%)。为了更好、更快地发展我国的社会工作教育,使我国社会工作真正有效地与国际接轨,促进我国社会工作事业和城乡社区的健康发展,我们应该形成从非学历的培训到专科、本科、研究生多层次的和网络化的社会工作人才培养体系。

论现代社会工作在和谐社会中的建构功能[①]

徐永祥

社会工作不仅是一种助人自助的学科门类，还是现代社会制度的重要组成部分。在市场经济体制基本成型和社会转型的条件下，社会体制的改革与和谐社会的建构无疑将成为我国现代化建设的重点课题。重视社会制度的安排，重视社会管理体制与社会服务体制的改革和创新，是和谐社会建构的题中应有之义。这里，现代社会工作的社会体制建构功能与社会服务建构功能则是不可或缺的。

一、作为现代社会制度组成部分的社会工作

现代社会工作是世界工业化和现代化的必然产物，是现代社会解决社会问题、维护社会稳定的科学方法与社会制度。

作为一种助人自助的学科门类和专业方法，社会工作诞生于19世纪末至20世纪初的欧美国家；但作为一种制度安排的社会工

① 本文曾发表于《学海》2005年第1期，此次收录略有修改。

作,即关于社会管理、社会保障和社会服务的制度,则是20世纪30年代以后的事情。第二次世界大战前后,随着科技革命和经济的发展,随着工业社会向后工业社会的转型,随着民权运动和新工人运动的发展,欧美各国面临着许多新的社会问题与社会冲突。为此,通过一系列"社会计划"和社会福利政策去调整利益格局、化解社会冲突、维护社会稳定、推动经济与社会的协调发展,便成为这些国家普遍面临的重大课题。但是,实施这些"社会计划"和福利政策,显然不能仅仅依靠单一的、有限的政府资源和行政权能,也不能依靠非政府、非营利的社会服务机构的单打独斗,而是需要建立能够有效整合各方资源、实现政府和非政府组织(特别是非营利社会团体)共同治理的制度,需要建立一套有利于非政府组织发育、发展的政策文件和法律规范,以及在社会分工原则下的政府与非政府组织之间合作互动的机制。正是在这一背景下,职业化、专业化与社会化的社会工作制度应运而生,作为非政府组织和非营利组织重要载体的社会工作机构迅速发展;而政府与社会工作机构之间则形成了购买社会服务与提供社会服务的合作机制。第二次世界大战后的欧美国家是如此,20世纪70年代以来经济迅速发展的新加坡以及我国香港地区、台湾地区也是如此。

从当今世界的情况来看,包括发达国家、新兴工业化国家在内的大多数国家和地区,都已将社会工作制度纳入整个社会管理、社会福利与社会服务的制度架构中,并赋予社会工作制度四大特征:(1)政府与社会的分工合作。其核心是"政社分开",即政府与非政府社会组织的职能分离以及事业目标的合作。(2)用以购买社会服务的公共财政体系。这是政府与非政府社会组织分工合作的重要基础。(3)社会服务的非营利性质。(4)专业化、职业化的工作体制。

经过数十年的发展,当代社会工作的领域日趋扩大、对象日益增多,社会工作的功能也日趋完善。就其领域而言,社会工作已经从社区、慈善场所扩大到学校、医院、福利机构以及企业、监狱和法院等。就其工作对象而言,社会工作已从弱势群体、边缘群体逐步扩大到所有需要社会支持和帮助的人群。就其功能而言,社会工作已不仅仅是帮助贫困者的慈善行为,而是一种专业的社会协调手段,运用它可以有效地扶贫帮困,化解社会矛盾,预防社会犯罪,实现个人与社会的和谐发展,提高社会福利与社会保障的水平,维护社会的稳定。对于社会工作的这些功能性特征,我国社会学和社会工作学领域的前辈雷洁琼曾经概括性地指出:"任何社会都存在社会问题,都有困难人群,但是不同时代、不同国家解决困难人群问题的方法不同。在传统社会,人们的困难大多依靠亲属群体的帮助予以解决。在现代社会,社会工作成为专业化的解困救难的手段。作为一种社会制度,它发挥着解决社会成员的困难、维持社会秩序的功能。"[1]

二、社会工作在和谐社会中的体制建构功能

作为现代社会管理与社会服务组成部分的社会工作,在社会发展与社会进步的进程中有着多重的社会功能。笔者认为,在我国和谐社会的建构实践中,社会工作首先具有体制建构的功能。我国曾经长期处于计划经济的时代,企业、学校、医院等各类组织均成为国家权力的下属"单位",政府、企业及其他社会组织的功能目标高度一致,现代意义上的市场、社会、社区以及企业和非政府

的社会组织都难以发育起来。基于20多年来的经济体制改革,我国才初步建构起“政企分开”和“社企分开”的新经济体制,实现了企业与政府、社会组织之间的职能分化,发育并建立了初步与国际接轨的市场经济体系。

但是,20多年来的实践表明,我国社会体制改革的步伐一直滞后于经济体制改革。在社会服务与社会管理方面,“政社不分”“以政代社”的体制性问题至今仍然非常突出。在解决各种社会问题和社会矛盾的时候,在面对各类需要帮助的弱势群体、边缘群体和问题人群的时候,在“单位人”愈益向“社会人”过渡的时候,我们基本上仍然沿袭着传统的、单一的行政化和单位化的管理体制。即使是已经运行多年的“两级政府、三级管理、四级网络”这一社区建设的体制,至今也没有跨越行政化与单位化的陷阱。[2]现代社会所必需的非政府组织、非营利组织始终难以发育和发展起来,以致无法承接政府及企事业单位剥离和让渡出来的社会服务与社会管理职能。其结果包括以下三点:一是政府在社会服务和社会管理实践中始终显得刚性有余而柔性不足,缺乏高效率的人性化手段,且经济成本始终居高不下;二是政府难以有效开发、整合与利用社会管理和社会服务方面的各类资源;三是政府无法顾及和解决体制外的许多社会管理与服务的盲点,如边缘群体的再社会化、“问题青少年”没有归口机构进行辅导教育等,这些又极易引发新的社会矛盾和犯罪问题。

相对而言,未来20年是我国现代化事业的“起飞”阶段,是全面建设小康社会、和谐社会的关键时期。这一时期对经济增长与社会发展的协调度要求将越来越高,社会发展的任务及其重要性将愈益突出。如果说在我国市场经济体制建立的初期,“政社不分”的体制尚可以维持社会管理和社会服务实践的话，那么在我国现代化事业即将“起飞”的今天，在社会发展的任务日趋重要、社会管理的难度日趋加大的情况下，这种具有结构性缺陷的体制和模式则难以为继。重视社会体制的改革创新，建构和谐社会所要求的现代社会管理和社会服务的新体制、新模式，已经成为时代的必然要求。为此，我们应该充分借鉴发达国家和地区的成功经验，大力引入和发展社会工作这一现代社会的制度性要件，高度重视社会工作的制度和体制建构功能。

那么，在我国和谐社会所需的体制建构中，社会工作具有哪些独特的功能呢？概括来说，其功能就是围绕社会体制改革这一核心要件，从三个方面促进“政社分开”的体制建构。

第一，社会工作是政府社会职能转变的促进者与主要承接者。包括社会管理与社会服务在内的社会治理，无疑是现代政府的当然责任。但是，这并不意味着所有的管理和服务都由政府直接提供，也并不意味着政府是这些管理和服务的唯一主体。政府的职能和功能事实上是有限的，社会管理与社会服务主体的多元化、政府和社会的分工合作与共同治理是社会发展的客观趋势。这里，“政社分开”是前提，分工合作与共同治理是结果，而关键则在于政府社会职能的转变。没有政府职能的转变，就不可能建立起“政社分开”的体制。政府社会职能转变的实质，就是将政府不该管、管不了也管不好的那些服务和管理事务剥离出去，切实改变以往职能的“越位”“缺位”“错位”现状。但问题在于，对于那些以往政府包揽的或不该直接从事的社会服务和部分社会管理事务，剥离出去以后应由谁来承接？显然，能够承接这些社会服务和管理事务的当是各类非政府组织、非营利组织，而这些组织的主体则是专业化、职业化的社会工作机构。例如,2002年上海市率先在社会管理体制改革方面试点,针对高危人群的管理与服务,在全市层面上建立了禁毒、社区矫正和青少年事务三大专业社会工作机构,并成功地将有关的管理职能和服务职能转交给这三个机构。经过两年多的实践,一个"政府指导、社团自主运作、社会各方参与"的,由政府和非政府的社会力量共同治理社会的格局初步形成。这种格局不仅大大提升了政府的宏观决策能力与管理效率,明显地降低了政府的管理成本,而且有效地提升了政府在高危人群中的亲民、爱民形象,社会犯罪率也明显降低。更可喜的是,这一实践的成功大大提高了政府对社会工作"促进者"和"承接者"角色的认同度,进一步激发了政府转变职能的积极性。

第二,社会工作是第三部门发展的促进者和示范者。在我国,第三部门或者非政府组织、非营利组织往往被称为"民间组织"。从各国现代化的历史来看,民间组织给予社会的不单单是新型的社会组织体系、耳目一新的价值观念、制度性创新的动力源泉等,更为重要的是,它们可以为人们提供多样化的选择机会和活动空间。民间组织带来的多样性"本身就是社会发展和社会进步的重要标志,也是最为高级的社会稳定机制"[3]。显然,民间组织或者第三部门的发展是建构和谐社会的必要条件之一。如果说"政社分开"是体制的核心,那么政府转变职能和第三部门发展是这一核心的两翼。两者之间的关系实际上是一种互为因果、互为条件的关系。而从我国当前的体制现实来看,从事专业社会服务的社会工作机构无疑是促进民间组织发展的有力助手。作为政府可以信赖的合作伙伴和得力助手,社会工作机构既能有效地承接政府剥离或转移出来的那部分社会服务和社会管理事务,又能在政府培育和推动非政府组织、非营利组织的发展方面提供成功的经验和样板。

第三,社会工作是公共财政体系的催生者。随着公共服务政府理念的传播,我国的财政体系虽然有所改观,但公共财政体系仍然没有建立起来。其突出表现如下:在公共资源的分配中,经济建设的投入比重过大,而社会领域的投入则严重不足[4];社会领域的投入都是投向政府所属所管的部门,而民间组织能够开展且社会又亟须的许多服务项目则无法获得政府的财力支持。可以说,公共财政体系是“政社分开”的社会体制的重要支撑。无论是在社区还是在专业机构开展的社会服务,都离不开政府购买服务的体制和政策。引入或建立职业化、专业化的社会工作制度,必将打破我国长期以来且至今仍在运转的、政府集权的计划建设财政体系,促进政府公共服务理念的确立和公共财政体系的建立,从而改善公共资源的配置方式,提高公共资源的使用效率和社会服务的质量。

三、社会工作在和谐社会中的服务建构功能

和谐社会的价值特征在于以人为本,人民各尽所能、各得其所而又和谐相处,永葆社会活力和公平正义。在市场经济条件下,面对社会结构的分化,以及不同的社会群体,如弱势群体、边缘群体和高危人群,建构和谐社会除了需要“政社分开”的分工合作体制作保证以外,还需完善的社会服务体系作支撑。没有这一服务体系,社会的和谐与稳定是不可想象的。而在和谐社会的服务体系建构方面,社会工作的功能也是显然的。

第一,社会工作是非营利性服务和专业性社会服务的建构者。

非营利性和专业性是社会工作的两大特征。与企业或其他逐利性机构提供的营利性服务(如家政服务、律师服务等)不同,社会工作提供的服务本质上是第三部门性质的,属于非营利性的、公益性和福利性的社会服务。而且,与其他非营利组织提供的服务相比,社会工作提供的服务都是专业化的。它不仅要求社会工作者坚定助人自助、同理心、平等接纳等价值理念与职业伦理,还要求社会工作者掌握个案工作、小组工作、社区工作等一系列专业的工作方法。正因为如此,社会工作提供的社会服务,其质量一般要远远高于其他非营利组织提供的服务。

第二,社会工作是社会服务的开拓者和组织者。从服务的结构上看,社会工作的服务包括社会康复、社会辅导性与支持性的服务两个大类。从服务的内容上看,社会工作的服务涉及面相当广泛,如社区维权和企业维权、失业人群的社会支持网络构建、受虐儿童和妇女的保护及辅导、健康青少年的自我成长辅导、边缘青少年的帮教辅导、精神病患者的社会康复、孤寡老人的社会照顾、问题居民的社会矫正等。从服务载体来看,社会工作的服务载体既包括专业社会工作机构,也包括社会工作者介入的机构和场所,如学校、医院、福利院、社区服务中心以及戒毒中心、监狱和法院等。在发达国家和地区,社会工作机构不仅自己开展和拓展这些社会服务,还组织大量的志愿者开展各类服务项目。那些招募来的志愿者必须经过培训才能上岗,还要定期接受社会工作机构的考核。

第三,社会工作是社会服务人性化、科学化的促进者。长期以来,"政社不分"的行政全能主义和经验主义工作方式,致使我国的社区服务以及机构服务一直停留在粗放式发展阶段,始终难以转移到以内涵发展为主的轨道上来。引入社会工作,建立职业化、专业化的社会工作制度,必将改变社会服务粗放式和经验主义的格局,为社会服务注入人性化和科学化的内涵。

第四,社会工作是提高社会服务事业的社会声望的重要保障。在很长一段时期内,由于我国的一些社会服务事业(尤其是社区服务)未能引入社会工作制度,加之服务的项目和内容大都限于经验型的工作或简单的劳务活动,因此始终难以吸引高素质的专门人才加盟,社会服务人员特别是社区服务人员的社会声望一直徘徊在极低的水平上,仅仅高于建筑工人、农民工等。[5]这种状况至今尚未得到根本性的改观。引入专业化、职业化的社会工作制度,社会服务职业必将逐步成为受人尊重的热门职业,社会服务的职业声望和人才供应也就有了根本的保障。

第五,社会工作是跨越社区服务单位化陷阱的重要推动者。[2]目前,我国各地开展的社区服务,基本上是体制内的、由街道主导一切的服务。街道或社区事实上成了新的无所不包的"单位化社会"。根据发达国家和地区的成功经验以及我国城市社区的已有实践,政府不可能在行政体系内直接提供和从事上述专业服务,社区自身也没有能力提供这类常规性的专业服务。因此,这类专业服务应该通过政府购买以及非政府组织和非营利组织提供的方式来实现。而这些非政府组织、非营利组织大都是社区以外的、具有社会工作专业资质的、专门从事社会服务的机构。因此,社区引入体制外的社会工作机构,有利于跨越社区服务单位化的陷阱,拓展社区服务的项目,切实提高社区服务的质量。也只有提高社区服务的质量,居民的社区认同感和归属感才有望真正地形成。

参考文献

[1] 王思斌.社会工作概论[M].北京：高等教育出版社，1999.

[2] 徐永祥.城市社区建设的体制创新与社会工作[J].探索与争鸣，2004(12)：22－23.

[3] 范丽珠.全球化背景下的社会变迁与非政府组织(NGO)[M].上海：上海人民出版社，2003.

[4] 上海市政治学会.政府新理念：关于服务政府、责任政府、法治政府的研究[M].上海：上海人民出版社，2004.

[5] 许欣欣.从职业评价与择业取向看中国社会结构变迁[J].社会学研究，2000(3)：67－85.

社会工作是现代社会管理与公共服务的重要手段[①]

徐永祥

从国际视野来看,社会工作既是一种助人自助的学科门类,也是一种社会职业和社会组织的类型,更是现代社会管理和公共服务的一种重要手段。社会工作者是掌握专业社会工作理念和方法、从事社会管理和社会服务的专门人才。在市场经济发展与社会转型的当今中国,发展社会工作事业是促进社会管理体制改革、公共服务内涵与模式创新、民间社会组织健康发展以及整个社会组织化程度提高的必然要求。

一

社会工作在国际上已有100多年的历史,它是工业化和现代化的产物。在19世纪末至20世纪初,社会工作还只是一种与慈善事业相联系的、由民间非营利组织及其工作人员向贫困者提供社会支持的方法和手段。20世纪二三十年代,随着非营利组织对其

① 本文曾发表于《河北学刊》2007年第3期,此次收录略有修改。

工作人员专业培训需求的增加,欧美发达国家的社会工作院校数量迅速增加,与此同时,智利、南非、印度、中国等国家的一些高校也开设了社会工作专业。社会工作日益成为一种内含助人自助理念、具有独特知识与方法背景的专门职业。

第二次世界大战前后,伴随着政府对市场和社会领域干预力度的增强,尤其是福利国家制度的建立,欧美国家相继通过了一些社会政策或立法,确立了专业化与职业化的社会工作制度,并将其作为政府实施社会管理和提供社会服务的重要手段。社会工作逐步从单一的慈善手段发展成为现代社会管理和社会服务的重要内容,成为现代社会解决社会问题、维护社会稳定的科学方法与社会制度。社会工作之所以成为欧美国家进行社会管理和社会服务的手段,主要原因有以下两点。

第一,专业社会工作面向弱势群体和边缘群体的社会服务及其蕴涵的"以人为本"的柔性管理特征,可以弥补政府刚性政策和刚性管理的不足。一般而言,政府在处理社会问题和社会冲突事件时,刚性的行政化管理和暴力手段虽有其必要性,但也存在着"难以服众"的缺陷,以及忽视差别化原则这一管理制度上的缺陷。专业社会工作则不同,它秉持的是助人自助的理念,遵循的是平等、接纳、差别化的职业伦理和工作模式,关注的是某一群体或个人社会问题产生的原因,因而有着政府单一行政化管理手段无法比拟的优势。正因为如此,自第二次世界大战以来,欧美国家及当今许多新兴工业化国家和地区,纷纷将社会工作纳入其社会管理和公共服务的体系中。可以说,这些国家和地区自20世纪60年代以来能够保持数十年社会稳定的局面,在一定意义上受益于专业社会工作在社会管理与社会服务方面的特有功能。比如,2005年法国巴黎爆发大骚乱，政府动用了警察部队仍无法解决问题，后借助社会工作者的力量才平息骚乱。这可谓社会工作的社会管理功能有效体现的一个经典案例。

第二，专业社会工作有助于推动平等的社会福利政策的制定，完善社会保障体系。第二次世界大战以后，鉴于工人阶级反抗资本主义不平等的社会主义运动的发展，社会主义思想和社会福利权利理念的日益深入人心，以及市场这只“无形之手”在社会发展领域内的“失灵”，加之争取选民选票和维护政权稳定的需要，欧美国家普遍建立起由政府承担主要责任的福利国家制度及其社会保障体系。福利国家制度的建立为这些国家防止社会两极分化，实现国民普遍的福利权利，逐步提升国民的福利水平，从而维护社会的稳定和促进经济的持续增长，提供了重要的制度保障。在福利国家制度发展与完善的过程中，社会工作成为政府制定和实施社会政策的重要帮手。其突出表现为，受过专业训练的社会工作者不仅帮助政府实施特定的社会政策和社会计划，而且作为政府与民众的中介，深入了解民众尤其是弱势群体、边缘群体的实际状况和需求，帮助政府修订和完善某一社会政策。不仅如此，政府还通过官办机构和非政府机构中的社会工作者向民众提供公共性的社会服务，客观上实现了其“寓管理于服务”的社会管理意图。

二

处于社会转型期的当今中国，为什么需要大力发展社会工作事业，以及建立一支规模宏大、结构合理、素质优良的社会工作人才队伍？众所周知，在计划经济时代，中国的社会管理、社会福利、社会服务都是政府通过企业、学校、医院、公社等一个个“单位”来实施的，即每一个社会成员都属于典型的“单位人”，他们的社会支持、社会福利、社会管理无不依赖于自己所属的单位。正是这种特殊的经济、社会与政治的单位化制度结构，使得中国在计划经济时代既不存在也不需要现代意义上的社区、社会工作和社会工作者。即使在改革开放最初的15年，由于这种“单位制社会”并没有解体，中国在现代化建设过程中始终缺乏发展现代社会工作的动力。现阶段的中国之所以需要发展社会工作，如同社区建设之所以得以开展一样，是因为社会主义市场经济的发展以及“单位制社会”的解体，与此同时，社区建设、社会工作等现代事业的发展获得了现实的需要动因和必要的历史条件。

1992年，邓小平南方谈话发表以后，中共十四大确立了建立社会主义市场经济体制的社会发展目标。伴随着市场经济的发展，传统的单位化体制日趋瓦解，“单位人”日益成为缺乏社会组织关怀和支持的“原子化的社会人”或“自然人”。这也是中国社会转型在现阶段的一个突出特征，即社会组织化程度日益走低，大量人群游离于社会服务、社会支持与社会管理体系之外。而这种社会的低组织化状况，给社会稳定与社会和谐带来的隐性挑战是不言而喻的。此外，高度竞争的市场经济也使得体制内的成员产生了许多新的社会问题及社会服务需求。这就需要通过有效的社会服务和组织形式将非组织化的人群重新组织起来，借此提高社会的组织化程度、有序化程度和管理效能，增强体制内成员的社会认同感和凝聚力。这也是今天社会重构与组织重建的紧迫课题。

然而，面对社会的不断分化和社会问题的急剧增加，以及社会组织化程度逐步走低的状况，中国的社会管理体制和公共服务模式总体上始终未能跳出传统模式。即使是20世纪90年代中期开始的社区建设体制,也仅仅是政府内部行政权力与职能的重新分配,并没有改变传统社会工作体制的特征,即“政社不分”的行政全能主义架构。因此,在预防和解决社会问题时,在面对大量非组织的“原子化个人”时,在提供公共性社会服务产品时,传统的社会体制、单一化的行政手段、经验主义的工作方法等,日益显示出不可克服的弊端或结构性缺陷。概言之,传统的社会体制和公共服务模式在今天已经难以发挥组织社会、提高社会组织化程度的功效,难以有效地改善公共性社会服务和社会福利的结构,难以适应现代社会管理的要求。实践要求我们必须高度重视社会管理体制的改革创新,认真借鉴发达国家和地区社会管理的成功经验,在社会管理、社会保障和公共服务体系中积极引入现代社会工作制度,加紧建设一支规模宏大、结构合理和素质优良的社会工作人才队伍,以适应现代社会工作的实际需要。

三

那么,在中国和谐社会的建构中,怎样推进社会工作事业的发展,才能发挥社会工作这一现代社会管理与公共服务手段的功能?

根据国际上的成功经验和中国上海等地近年来的实践,社会工作发展的总趋势是与新的社会管理体制和公共服务模式紧密相连的。一般来说,社会工作的发展离不开以下四个制度性或体制性的安排。

第一,“政社分开”基础上的政府与社会组织的分工合作,即政府与非政府社会组织的职能分离以及事业目标的合作。按照该原则，在社会领域内，政府承担着刚性的社会管理和执法职责，负责社会发展与公共服务项目的规划和社会政策的制定，以及对非政府组织社会服务及其他活动的政策指引、法律监管；而非政府、非营利社会组织则承担着具体的公共性社会服务项目及部分社会管理事务，并接受政府的监管。

第二，用以开展公共性社会服务所需的公共财政体系。这是政府与社会组织尤其是非政府社会组织分工合作的重要基础。政府在每一财政年度都有专门的预算，并根据社会管理事务、公共服务和特定社会服务需求的实际，通过招标或委托的形式向非营利社会组织或社会工作机构购买服务。而社会组织或社会工作机构则通过竞标或谈判的形式获得这些服务项目，并在社区、社会援助机构、学校、医院、监狱等场所向服务对象提供维权性、辅导性和福利性的社会服务以及部分管理性的服务。

第三，公共性社会服务的非营利以及专业化和差别化的服务。在这里，公共性社会服务与社会服务基本上是同一性质的概念，都具有鲜明的非营利性质。与政府直接开展的一般化公共服务所不同的是，社会工作的社会服务必须基于问题为本和需求为本的原则，根据服务对象的特点，通过社会资源的整合提供差别化、专业化的服务，从而在微观上实现助人自助，在宏观上实现预防和解决社会问题的宗旨，故其针对性和有效性尤为突出。此外，社会工作机构所开展的服务项目，在面向弱势群体或边缘群体时，一般不收费，而在面向中高档收入人群时则可以收取一定的费用，但这些收入只能作为维持机构运作或扩大服务范围的再投入经费。

第四，专业化、职业化的社会工作岗位。如同律师、医生、教师等职业一样，社会工作是一项专业性很强的职业，其从业人员只有经过高校社会工作专业培训,获得社会工作者专业资格证书或者注册成为社会工作者以后方能上岗执业。社会工作者的岗位不仅设置于社区、学校、医院以及各类非政府的社会服务机构内,还设置于诸如社会福利(类似于中国的民政)、教育、卫生、劳动、司法等政府部门及法院内。应该说,这种制度对于维护社会内部的团结与稳定、实现社会福利的均等化、拓展公共服务的内涵与模式、提高社会服务的质量、吸引社会英才参与社会服务与社会管理,都将是行之有效的。

由上述可见,在工业化和社会转型时期,现代社会工作实际上是新型社会管理及公共服务模式的重要组成部分。对于中国来说,现代社会工作的发展,一方面有赖于整个社会管理体制的改革以及公共服务模式的创新,另一方面又对社会管理体制改革和公共服务模式创新的实践具有重要的推动作用。换言之,发展社会工作本身就是中国社会管理体制改革与公共服务模式创新的必然要求,也是当代中国正在生成的新型社会管理与公共服务的重要内容。

建构式社会工作与灾后社会重建：核心理念与服务模式

——基于上海社工服务团赴川援助的实践经验分析①

徐永祥

从社会工作的视角来看，灾后社会重建的价值就是在社会关系恢复与重建的基础上，恢复和重建遭到灾害破坏的社会支持体系、社会服务体系、社会管理体系和社会保障体系。因此，介入灾后社会重建的社会工作，本质上就是一种宏观与微观相结合的建构式社会工作。值此"5·12"汶川大地震一周年即将到来之际，围绕灾后社会重建这个主题，笔者结合在地震灾区所参与的建构式社会工作实践，总结和讨论灾后社会重建进程中社会工作服务所提倡的核心理念及其实现路径与服务模式，对于灾区后续的社会重建以及丰富灾后社会工作的理论与实务模式，都具有重要的实践价值和理论意义。

---

① 本文曾发表于《华东理工大学学报（社会科学版）》2009 年第 1 期，此次收录略有修改。

一、灾后社会工作服务的核心理念

“5·12”汶川大地震发生以后，上海社会工作界迅即向灾区派出了两批专家组进行灾后社会重建工作的评估。之后，上海又组建了社会工作服务团（以下简称“服务团”）分赴都江堰市四个灾区安置点社区开展援助服务，历时半年有余。服务团的援助服务对于灾后社会重建，尤其是灾后社会支持体系、社会服务体系、社会管理体系、邻里与社区关系的恢复与重建以及社会工作的本地化等都发挥了重要的作用。社会工作参与灾后社会重建受到了灾区政府、民众的热烈欢迎与广泛认可，也获得了中央领导的高度评价。

社会工作参与灾后社会重建之所以获得强烈的社会反响和显著的社会效果，原因是多方面的，包括沪川两地政府的重视和支持、社会工作者的无私奉献、灾区重建的内在需要等。社会工作者所确立和秉持的服务理念也是极其重要的方面。这里，笔者做一简要的介绍和论述。

众所周知，现代社会工作的专业理念是一个架构性的体系。其中，助人自助是核心。在这个核心的外围，还有许多目标性、技术性、功能性、伦理性的理念，如增权、平等、接纳、同理心等。应该说，这个架构性的理念体系经过100多年的实践，已被验证为具有明显的普适性，因此被社会工作理论界、实务界普遍接受。但问题在于，任何普适性的理念、理论在实践过程中，都有一个本土化的要求或者客体化、对象化的要求。

那么，在灾区尤其是尚未建立社会工作制度的地区，社会工作服务应该秉持怎样的理念呢？这实际上是一个关于社会工作怎样才能介入、如何提供服务、如何获得理想效果的问题。对此，服务团根据灾区的实际状况，确立了以下三个核心服务理念。

一是“嵌入”理念。这个理念涉及社会工作者与受助对象（组织、个人、社区等）的关系，其原有含义是社会工作者在主观意识和行动上要自觉将自己纳入受助对象的关系网络中去，争取最大限度地获得受助对象的理解和支持。就灾后社会工作而言，解决“进场”问题是开展工作的重要前提。因此，社会工作者必须主动地将自己纳入灾区的行政体制内，视自己为灾区政府工作的组成部分或助手，努力赢得当地政府的理解、信任和支持。非此，社会工作者就不可能进入灾后重建工作的核心圈子，相反只会始终徘徊在重建工作的边缘。

二是“建构”理念。这个理念的实质是强调社会工作对于社会关系、社会服务制度及受助对象能力的建构目标和建构功能。就灾后重建而言，它实际上赋予了灾后社会重建一种制度与机制创新的意义。可以说，嵌入是建构的前提，建构是嵌入的目标，服务项目则是建构的平台与载体。灾后恢复与重建本质上是建构性的，是一种继承与发展，而不是简单地恢复灾前的制度和机制。因此，社会工作介入灾后社会重建，本质上是要帮助灾区建构一种既旧又新的社会关系及其基础上的社会支持体系、社会服务体系和社会管理体系。这是灾后社会工作的制度性目标。

三是“增能”理念。增能是社会工作追求的能力目标，即助人自助。这个目标追求使得社会工作明显区别于一般的慈善活动和志愿活动。帮助受助对象达到自助的关键在于增强受助对象自我成长和自我发展的能力。就灾后社会工作而言，其追求的目标是整合各种资源，帮助灾区的政府、社区、民间组织、家庭和个人等拓宽发展的视野，增强可持续发展的能力。

二、灾后社会工作的服务模式

如果说前述三个核心服务理念具有理想化特征的话，那么根据灾区自身的需求，为灾区提供富有成效的服务模式，是落实上述服务理念的必要路径。从服务团的经验来看，以下几个模式是值得总结和推广的。

（一）政社分工与合作模式

作为外来的民间性、专业性的社会组织，服务团在嵌入的前提下，建构的第一种模式就是政社分工与合作机制。其主要特点是服务团一方面自觉将自己纳入灾区的管理体制内，另一方面始终明确自己的专业独立角色，努力形成与政府之间既分工又合作的伙伴关系。这里，相互理解、相互信任是必要的前提。为此，服务团特别注意与各个安置点社区管理委员会、都江堰市民政局进行定期沟通，及时发现、反映和回应政府没有时间或没有能力解决的问题，努力协助政府广泛了解居民的需要，并以第三方的身份动员居民自己组织起来解决社区自身的一些问题，而政府则提供相应的政策支持。这样，政府和居民组织之间逐步形成并适应了分工合作的机制。不仅如此，在这个过程中，民政局和安置点社区管理委员会的工作人员也逐步理解和接受了社会工作理念，从而在政策层面加大了社会工作的影响力度。

（二）社区信息链接模式

地震破坏了人们原有的、熟悉的社会关系。刚来到安置点社区的居民，彼此之间的关系是很陌生的甚至防范的。不难想见，生活在人员如此密集的空间里，如果没有有效的联结机制，不但难以形成熟悉、互助的社区氛围，而且可能因为信息不充分、相互不理解而引起不必要的矛盾和冲突。同时，如果政府的信息不能及时传达给居民，也会使居民产生不满和对立情绪。因此，只有陌生的人相互认识并熟悉起来，才有可能实现邻里的信任、互助和自我管理。只有实现纵向与横向之间的信息畅通，安置点社区居民与政府之间、居民相互之间才有可能达到相互理解和良性互动。信息畅通之后，灾区就有可能最大限度地整合各种资源，从而实现各项功能恢复与社会重建的目标。

基于上述认识，服务团特别重视安置点社区纵向与横向的关系沟通、关系重建，初步建立了社区信息链接模式，致力于信息共享。其主要做法如下：

一是与社区管理委员会联合主办社区小报，如在最大的、有1.2万人的安置点社区——“勤俭人家”——主办了《勤俭快讯》，每周一期，免费发放给全体居民，为居民提供政策信息和服务信息。它既是安置点管理委员会与居民沟通的桥梁和纽带，也是居民互动的平台，极大地提升了居民参与社区公共事务的热情和建言献策的积极性。

二是建立了即时更新的“信息之窗”。为了帮助安置点社区的居民及时了解有关政策信息和社区活动信息，有效杜绝小道消息的泛滥，服务团在安置点社区的醒目之地和社会工作站安装了多个信息栏，张贴报纸、海报，及时发布政策信息、服务信息及活动信息。

三是印制了社区资源图并免费发放给居民。社区各类资源和服务设施大都分布零散，很多居民原来并不了解。社区资源图收集了安置点社区的生活、服务、商业、行政资源等信息，既方便了居民的日常生活，也加深了居民对社区公共服务的认识，更提高了居民对社会工作服务的认知度。

四是以社区系列文体活动为平台和载体，促进居民间的认识、交往与互动，从而建构他们之间相互熟悉、相互支持的信任关系。

（三）需求评估与回应模式

社会工作服务的目标无疑是及时回应服务对象的需求，及时、有效地解决他们存在的问题。但是，不同服务对象的需求各不相同，且有过程性和阶段性的特征。也就是说，当前一阶段的需求得到满足之后，下一阶段又会产生新的需求。服务对象的这一阶段性需求特征，在灾后恢复与重建的实践中显得尤为突出，服务对象的需求主题的转换也相当快速。这就要求社会工作者高度重视对安置点社区居民所存在的问题和服务需求进行客观、及时的评估，建立适时、适地、适他的回应机制，确定合适的专业服务项目。

对于灾后安置点社区问题及需求的阶段性变化特征，服务团自始至终予以充分的重视。为了做好灾后社区服务的需求评估，服务团既重视定性研究方法的运用，也重视定量研究方法的运用。社区观察和访谈、入户访问、社区干部座谈和问卷调查、跟踪研究等，是服务团搜集问题及需求常用的方式，在此基础上进行问题及需求的筛选和分析评估，并针对不同的需求制订不同的服务计划。例如，社区信息链接机制、针对孤寡老人开展的“同心互行”志愿服务计划、推动居民自我管理与自我服务的“巷巷会”计划、帮助失业妇女再就业的学习绒绣技术的“火凤凰项目”（由上海一家外贸公司收购作品并销售)、针对安置点社区干部的能力培训计划等影响较大的项目,都是基于对这种需求评估的回应所获得的成果。

(四)"巷巷会"计划和社区互助网络

这里特别要提一下"巷巷会"计划。实际上,"巷巷会"是运用小组社会工作和社区社会工作模式发动、组织居民实现社区自治与互助的一种平台。这个计划是从华东理工大学第一批服务队创立的"弄堂会"演变而来的。

在安置点建设初期,灾民往往对政府都有一种等、靠、要的福利依赖倾向。因此,在碰到诸如安全、卫生、板房漏水等具体问题而管理委员会又没有能力解决的时候,灾民对政府的误解、埋怨以及社区冲突就极易发生。为此,在"勤俭人家"这一最大的安置点社区,社会工作者在问题和需求评估的基础上,运用小组社会工作和社区社会工作的模式,创建了最初被安置点社区居民称为"弄堂会"的服务项目。其具体做法如下:由社会工作者发起、动员并参与,由"社区领袖"出面组织居住在两排紧邻的、门对门板房内的居民,经常在"弄堂"之间开展座谈会,协商和研究由居民自己来解决问题的办法。这一机制既促进了邻里之间的熟识以及自决和自我管理机制的建立,又促进了共同体意识和社区自治的发展,以及居民自我管理能力的提升,深受居民的欢迎。同时,这一机制也减轻了管理委员会的负担,减少了居民对政府的误解,增进了居民对政府工作的理解和信任,深受政府和安置点管理委员会的欢迎。此后,这种"弄堂会"迅速推广到许多巷子和其他安置点社区,并且按照四川当地民众的习惯,大都改称为"巷巷会"。安置点社区的居民们还纷纷在协商获得共识的基础上,给自己的巷子起了富有特色的名字，如“和谐巷”“共建巷”等。由此及彼，在社会工作者的指导下，各个安置点又逐步建立起老年人之间、青少年之间、妇女之间以及不同人群之间的互助网络和志愿服务网络。

三、几点启示

灾后重建是一个庞大的系统工程，包括经济、社会、文化和政治等子系统的恢复和重建。各子系统在灾后恢复与重建过程中缺一不可。其中，社会工作介入灾后社会重建具有重要的现实意义。从服务团的实践来看，这种介入对于完善和丰富社会工作理论及实务模式不无启示。笔者认为，以下三点启示值得被提出和讨论。

第一，社会工作是现代社会管理的重要手段，是政府管理社会、服务社会的有效助手。一般而言，政府管理是一种刚性管理，其特点是无差别的行政管理和政策实施，往往具有“一刀切”及反应慢、效应递减的缺点。社会工作则因其在专业社会服务中渗透、体现了一种柔性的管理，不仅能够及时反映和回应民众的需求，而且可以帮助政府及时地、具体地、有差别地落实社会政策。不仅如此，作为政府与民众的中介，社会工作可以有效化解民众对政府的误解，增强居民社区自治的能力。服务团所服务的四个安置点社区，半年来没有发生一起灾民上访的例子，无不充分证明了社会工作在社会管理方面的专业功能。

第二，社会工作是灾后社会恢复与重建不可或缺的要素。灾后社会重建的要义在于社会关系的重建，以及在这种重建基础上的社会支持体系、社会服务体系、社会管理体系的重建和制度、机制的创新。它既体现在党和政府与社会、民众的关系重建及关系和谐方面,也体现在灾区政府和社区的建设能力方面。缺乏社会工作的介入,不是灾后社会重建的意义被忽视,就是社会重建的进程难以加快。反之,有了社会工作的介入和推动,灾后社会重建的动力和专业资源就会大不相同。都江堰灾区安置点管理委员会、政府有关部门由开始对服务团的勉强接受,很快转为高度重视、积极支持,以及市政府积极推动在都江堰市建立社会工作制度和社会工作人才队伍,都是很好的例证。

第三,社会工作专业要实现其社会服务、社会支持和助人自助的目标与功能,本土化是必需的条件之一。这里的本土化,既包括社会工作的理论、实务模式要适应本土文化与社会环境,也包括对开展社会工作所在地区的社会管理和社会服务体制的嵌入,以及社会工作者主动与所在地政府的协调和沟通。当然,这种嵌入的最终目的还是着眼于具有本土特色的新社会服务、社会支持、社会管理体制和机制的建构。这既是本土化的应有之义,也是灾后社会工作给我们的一个重要启迪。

参考文献①

[1] 弗朗西斯·福山.大分裂:人类本性与社会秩序的重建[M].刘榜离,王胜利,译.北京:中国社会科学出版社,2002.

[2] 郑永年.中国的自然灾害和国家社会关系[N].联合早报,2008-06-24.

[3] 田毅鹏.社会重建的真意[J].吉林大学社会科学学报,2008(5):112-115.

[4] 林聚任.社会关系重建在社会重建中的意义与途径[J].吉林大学社会科

① 本文的参考文献为阅读型参考文献。

学学报,2008(5)：115－118.

[5] 张昱.安置社区建设：汶川震后重建的社会工作视角[J].福建论坛(人文社会科学版),2008(8)：34－36.

[6] YEGIDIS B L,WEINBACH R W.社会工作研究方法[M].黄晨熹,唐咏,译.上海：华东理工大学出版社,2004.

[7] GINSBERG L H.社会工作评估：原理与方法[M].黄晨熹,译.上海：华东理工大学出版社,2005.

社会工作服务新型城镇化建设：动因、空间与策略①

徐选国　赵　环　徐永祥

新型城镇化建设是一项复杂的系统工程，是我国现代化进程的核心议题和历史任务。城镇化发展在取得显著成效的同时，也存在“名实不符”的情形，即目前我国城镇化率虽已超过53.73%[1]，看似已有半数的人进入了城镇，但真正按户籍人口计算的城镇化率仅为35.29%[2]，这意味着仍有约2.6亿农村转移人口虽进入了城镇，但不能真正成为城镇市民并享受相应的市民待遇[3]。可见，当前我国新型城镇化建设还未进入所谓的“城市中国社会时代”，它并不是真正的城镇化，而是一种以“土地城镇化”“地域城镇化”为核心的城镇化逻辑，未能体现以人为本的市民化内涵。在此背景下，本文从人的城镇化与市民化、人的全面发展视角理解新型城镇化的内涵，从社会保障和公共服务体系建设方面寻求突破点。作为社会保障和公共服务体系的重要手段，社会工作本质上是一种福利性助人行动，它坚持以人为本的理念，通过整合多重资源，

---

① 本文曾发表于《探索》2014年第6期，此次收录略有修改。

为有需要的个体、家庭、团体和社区提供专业化的服务，使之更好地适应社会，进而影响更大范围的社群朝健康的生活方式转变。本文尝试将社会工作引入新型城镇化建设，旨在探索一种实现农村转移人口城镇化、市民化的新型实践模式。

一、"不充分城镇化"：社会工作介入新型城镇化的内在动因

近年来，我国新型城镇化建设的开展，不仅使我国原有的社会结构和社会关系发生了巨大的变迁与重组，而且深刻地影响着全球化的演进脉络。新型城镇化建设带来了巨大的经济效益，助推了市场经济快速发展。然而，在注重以经济为导向的城镇化过程中，相关政策还不到位，农村转移人口还不能平等、充分地享有与城镇居民同等的公共服务和社会保障，以致出现一种"不充分城镇化"现象。"不充分城镇化"主要是指在系统层面，城镇人口与社会、体制和文化之间的不整合；在社会层面，城镇居民的生活方式、行动等方面存在不融合；在心理层面，农村转移人口易受排斥和歧视[4]。在实践中，随着城镇常住人口规模的扩大，我国城镇化率越来越高，但是农村转移人口并未成为真正意义上的城镇居民，而是奔波于城乡之间的"两栖群体"。这部分转移人口目前的生存样态表现为就业在城镇、户籍在农村，劳动在城镇、家庭在农村，收入在城镇、积累在农村，生活在城镇、根基在农村[5]。究其原因：一方面，体制的约束、制度保障的缺失、城镇环境的排斥，使得农村转移人口难以真正成为城镇居民；另一方面，与前述原因密切相关的是，由于城乡保障体系的二元分离，这部分转移人口不愿意放弃农村承包土地和宅基地这一最后的生存保障底线，因而这种"不充分

城镇化”体现为农村转移人口在社会结构、文化心理、生活和交往方式、制度保障等方面与城镇居民之间的区隔状态，不利于实现真正意义上的新型城镇化目标。因此，客观地看待这种“不充分城镇化”，有利于检视当前新型城镇化的误区所在。“不充分城镇化”也是社会工作服务于新型城镇化建设的内在动因。

（一）农村转移人口的“双重脱嵌”处境，使其在新型城镇化建设中的主体性缺位

新型城镇化建设的核心主体是农村转移人口，但在现实中，这一主体更多地处于被动、消极的境地甚至边缘的位置。一方面，这部分转移人口离开了长期生活的农村社会环境，在原有的乡村社区伦理和农村社会结构发生显著变迁的背景下，他们“脱根”于农村社会；另一方面，由于他们缺乏与城镇居民同等的社会身份、权利和保障，难以与城市社会、制度和文化系统进行有效的衔接，不能真正融入城市社会之中，因而漂泊于城市社会中。这种现象使农村转移人口在市民化进程中形成了特有的“双重脱嵌”困境及阶级属性[6]。原因在于，长期存在的户籍制度及其相应的教育、社会保障制度，规制了农村人口长期作为农民的身份、角色及地位，使该群体难以真正融入城镇。当前农村转移人口呈现如下特征：文化素质不高、法律与权利意识不强、与其他主体的谈判能力匮乏等，这加剧了他们在整个新型城镇化进程中的弱势化与边缘化，使其主体性地位难以凸显、主人翁地位往往被取代。可见，当前新型城镇化建设尚未将人的城镇化与市民化作为核心关注点，农村转移人口的主体地位未得到充分尊重，其自主性未能得到有效体现。如何聚焦当前新型城镇化的核心理念，探索以人为本的城镇化建设路径，是有序推进新型城镇化建设的根本前提。

（二）新型城镇化中的个体化和碎片化现象，使农村转移人口的社会融合任重而道远

随着市场化的深入，个体逐渐从传统的、家族式的文化习俗共同体中被解放出来，成为独立的个体，家庭成员之间的关联不再那么紧密，原有的社会联结不断瓦解，个体逐渐陷入无限的但具有不确定性的自由境地。奔波于城乡之间的这部分人群，同时受到社会原子化[7]、个体化[8]和社区碎片化[9]属性的形塑，因而其社会融合困难重重。例如，在劳动关系领域，仍然发生着上述结构与关系的变迁。我国社会劳动体系呈现出的劳动与资本的"弱结合化"、劳动形式的"轻型化"和劳动组织的"解体重组"等趋势[10]，使得农村转移人口缺乏组织化生存状态，而是以一个个独立的个体去面对庞大的社会结构和劳动体制。在社会关系方面，尽管许多农村转移人口进入城镇工作或生活，但除此之外，他们在社会交往、人际关系、社区参与等方面仍与城镇居民之间有较大的隔阂。笔者在实践中发现，同属于进城与子女同居的老年群体，因为身份、退休金、地域文化等差异，在同辈交流中，形成分化了的小团体，凸显了同一群体的利益与阶层。可见，个体安全、个体归属、社区生活共同体再造、社区公共性建构等议题，是新型城镇化建设中回应农村转移人口社会融合需求不可回避的核心诉求。

（三）农村转移人口相关制度保障体系不健全，城乡二元结构和矛盾难以消除

目前，我国正在推进新农村建设和新型城镇化建设战略。从理论上看，推进新农村建设有利于缩小城乡差距，服务和助推新型城镇化建设；同时，新型城镇化建设也能够发挥对农村的辐射和带动作用，有效回应"三农"问题[11]。从实践上看，新型城镇化确实

吸引了大量农村劳动力进入城镇,这极大地改变了他们的生活方式,也在一定程度上提升了他们的收入水平,但是他们主要在制造业、建筑业、住宿餐饮业等次级劳动力市场上就业。此外,农村“三留守”人群(留守的老人、妇女和儿童)问题日益严峻,相关制度化保障体系和实践机制依然缺位,出现了资源分配不公与失衡的问题,进一步导致城镇居民、农村转移人口与农村留守人群之间层级式的生存状态和生活差异,新型城镇化建设成果没有惠及所有的农村转移人口和农村留守人群。因此,一方面,当前的新型城镇化建设尚未对部分农村社会的发展产生明显的辐射和带动作用,一些农村地区日益被边缘化、空心化;另一方面,与新型城镇化进程相关的配套政策缺位,如在就业保障、医疗保障、子女教育保障、住房保障等方面,城镇居民与农村转移人口之间存在显著差异,导致农村转移人口在制度嵌入和融入方面受到严重排斥。此外,实践中还存在着异地医疗保险难以联动、进城老年人群的医疗保障等不能在现居住地使用等问题。这些方面进一步加剧了城乡二元结构性矛盾,使上述有关人员陷入困境,形成一种“不许融入”状态,严重损害了社会公正[12]。

二、需求因应与嵌入空间:社会工作在新型城镇化建设中的积极作用

从国际经验来看,社会工作已成为因应现代社会问题、回应大众需求、维护社会稳定的科学方法与社会制度。我国目前仍处于社会主义和谐社会建设的推进阶段,社会工作在和谐社会建设进程中已初现其积极作用,成为和谐社会建设的重要内容与有效手

段，社会工作在中国社会的本土化过程中呈现嵌入式发展特征[13]。社会工作在新型城镇化建设中具有多元嵌入空间。

（一）社会工作彰显"以人为本"理念，有利于形塑农村转移人口的主体性地位

农村转移人口的市民化是推进新型城镇化建设的题中之义和强大动力，但是，当前农村转移人口市民化还面临诸多困境。其中，主体性缺失与自主性不足是新型城镇化进程中农村转移人口市民化的首要困境。市民化要求其主体具有较强的公民意识和较高的公民素质，因此，当前存在的带有明显乡土中国气息的农村转移人口，面临着主体性生产与重构、提升自主能力和提高主体素养的重要任务。社会工作本质上是一种"以人为本"的福利性事业，它强调对人的主体性、特殊性和自主性的尊重。社会工作具有的平等、接纳、无条件关怀、尊重、理解等核心价值观，成为社会福利视域下如何看待人、如何服务人、如何处理人与社会关系的最根本、最核心的原则[14]。因此，将社会工作引入新型城镇化进程中，有助于发挥社会工作强化公民意识、激发公民潜能等优势，有助于改变农村转移人口在城镇化建设中的被动、从属地位，从尊重其主体地位入手，重塑他们的主体身份及其属性。同时，社会工作通过对助人自助理念的实践，能够让农村转移人口尤其是需要帮助的人群逐渐获得一种"受助"基础上的"自助"与"助他"意识和能力，以进一步提升他们的自主能力和公民素质。

（二）社会工作具有的"关系重构"功能，有利于促进农村转移人口的社会融合

现代化的推进，极大地驱动了农村人口脱离原有土地而进城寻求新的生存路径。在当前"不完全城镇化"的背景下，部分农村

转移人口不愿意转为城镇居民，他们缺乏与城市居民均等的社会保障权利和公共服务权益，长期被冠以“外来者”的称呼而被排挤到城市边缘。其内在根源值得我们追问：这部分转移人口是眷恋其农村承包地和宅基地，还是得不到与城镇居民同等的待遇？目前的新型城镇化举措和实践并未对这一关键议题给予足够的重视。可见，农村转移人口的社会融合问题，成为评价市民化目标实现情况的重要关注点。社会工作具有关系整合与重构的重要功能，它借助想象力机制，坚持“人在环境中”的实践原则，通过重塑个体及其社会关系，借助特有的专业方法和技术，促进个体与个体、个体与组织、个体与社会等不同主体间的良性互动。在面对新型城镇化进程中出现的关系疏离、“双重脱嵌”、利益分化现象时，社会工作能够将彼此陌生的个体联结在一起，通过形成共有的社区文化，营造和谐的社区氛围，重建社区公共性和社区共同体，以重构社会关系，实现社区再组织化。

（三）社会工作的“资源整合”优势，有利于提升农村转移人口的生活质量

在新型城镇化建设中，农村转移人口的生活质量成为衡量其市民化程度的重要指标。调查显示，农民在新型城镇化中的核心利益诉求包括农村土地征收问题、城镇住房与交通问题、城镇生活环境问题、教育和培训问题、社会保障问题等[15]。还有调查表明，当前我国新型城镇化呈现区域内发展不平衡状态，人口城镇化发展质量整体水平较低，城镇化的质量滞后于城镇化的速度[16]。笔者认为，当前人口城镇化的质量偏低且发展程度参差不齐的根本原因在于制度、身份和社会地位的限制，以及资源投入、分配、动员方面的差异及其制度性后果。因此，如何在新型城镇化推进过程

中提升人口城镇化质量，改善农村转移人口的生活品质，成为推动新型城镇化发展的着力点和突破口。社会工作具有资源整合的独特优势，它通过优势视角、生态系统视角以及资产建设、增能、社会资本等理论与实践视角，激发农村转移人口的潜能，发掘社区资源和优势；同时，社会工作可以借助其专业组织载体，在承接政府转移或购买的相关服务项目中，不断为农村转移人口争取资源、提供专业化服务，以实现社会资源在城镇居民与农村转移人口中的公平分配。

（四）社会工作发挥“政策倡导”角色，有利于搭建农村转移人口的制度保障体系

现代化的本质是要实现人的现代化。新型城镇化作为现代化的核心表征，其根本目标在于实现人的城镇化和市民化。近年来，党中央和国务院若干政策文件、重大会议均围绕着新型城镇化建设展开讨论，党的十八大和十八届三中全会更是将新型城镇化提到党和国家的重要战略高度。这表明，新形势下我国应坚持以制度改革促进农村转移人口市民化，进而作为推动新型城镇化发展的关键抓手[17]。在当前城镇化进程中，农村转移人口的相关制度保障仍然不健全、不完善。可见，社会保障制度的改革与创新对推进农村转移人口的市民化与城镇化具有重要意义[18]。社会工作具有实务研究、政策倡导、社会行政等角色，它通过对实务工作中的需求评估、服务供给、绩效评价、政策执行评价等方面进行系统研究，可以较为客观地分析在农村转移人口市民化进程中存在的制度需求及其完善空间，从而对相关决策部门提出政策制定和政策改进的建议，为农村转移人口市民化提供重要的制度保障。

三、契合与互构：新型城镇化建设中社会工作的介入策略

从在新型城镇化建设中的介入领域和作用空间不难看出，社会工作在本质上与新型城镇化，尤其是农村转移人口市民化具有多维契合之处。其中，两者在主体、理念、目标和功能四个面向上具有突出的耦合性。基于此，笔者尝试建构社会工作服务新型城镇化建设的实践策略，以搭建两者互构、共生的实践逻辑。

（一）激发农村转移人口的主体性，整合多元利益主体

农村转移人口是新型城镇化建设的核心主体之一，从这个意义上看，新型城镇化的目标就是要实现农村转移人口的城镇化和市民化。新型城镇化建设还涉及政府（中央和地方）、市场（各类投资型、建设型、中介型企业组织）、社会组织（服务于人口市民化的相关公益性服务组织）等主体。目前，在新型城镇化推进过程中，政府和市场发挥着主导作用，农村转移人口在此过程中处于被动地位，社会组织则较少参与新型城镇化建设。社会工作机构作为一种中介性组织，可以在居民与政府、居民与市场之间发挥桥梁作用。因而，坚持社会治理在多元主体合作参与方面的核心原则，将社会工作引入新型城镇化建设中，有助于激活不同主体的功能和优势，构建多元主体间的良性互动关系，即社会工作以专业社会组织为载体，通过整合政府、市场和社会资源，改善目前政府组织、企业组织和社会组织三大主体功能分离、角色失衡的状况；同时，继续探索社会组织参与新型城镇化的作用空间和功能定位，不断激发农村转移人口的主体性，增强其参与新型城镇化建设的积极性、主动性及其适应性能力，确立其在新型城镇化建设中的主体地位，

形成多元主体合作参与、有序互动的治理格局。

（二）践行以人为本的理念，推进社会融合进程

新型城镇化建设归根结底是要实现人的城镇化和市民化，即城镇化建设理念要从“以地为本”“以城为本”向“以人为本”转型[19]。长期以来，我国一些地区的城镇化建设坚持以经济建设为导向、以物的现代化为指标，忽视了城镇化过程中人的问题，社会保障、公民参与和社会权利成为区分原有城镇居民和农村转移人口的重要标志。新型城镇化建设，客观上要求建设过程由传统模式向新型结构转型、建设任务由二元对立向城乡一体转变、建设主体由单一主体向多元主体变迁、建设本质由以经济为本向人的全面发展转移，从而实现人本视角下的新型城镇化目标[20]。作为一门服务于大众的应用性学科，社会工作坚持“以人为本”的理念，有助于强化新型城镇化的本质意涵，两者在本质上具有契合性。在实践中，社会工作可以在如下领域发挥积极作用：推动进城农民工获取社会保障，充分实现社会融合；促进失地农民就业与生计可持续发展；为城镇化不充分所致的大量“三留守”人群提供社会心理服务；介入随迁子女教育、随迁老人医疗保障等领域；帮助城镇新居民参与当地社区的公共活动，提升其社会交往能力，充分体现其主体性地位，增强其身份认同和社区认同。这些有助于更好地实现农村转移人群的社会保障权利和公共服务权益，切实从地域、文化、制度、社会关系等方面实现社会融合。

（三）提供专业的社会服务，搭建制度保障平台

城乡二元结构性矛盾和困境的长期存在使得实现城乡一体化目标成为中央和地方政府治理创新的重要议题。在社会结构分化的前提下，我国城乡一体化发展目标任重而道远。从一定程度上

来说,新型城镇化建设是对原有城镇化制度、模式的改革,它的成功推进有助于实现城乡一体化发展目标。在新型城镇化推进过程中,社会工作与新型城镇化建设之间在目标上具有同构性,即社会工作与新型城镇化建设的最终目标都在于实现城乡一体化发展及人的全面发展。具体而言,社会工作的目标在于解决社会问题、促进社会和谐、维护社会公平正义。它通过个案、小组和社区工作方法为有需要的个体、家庭、群体和社区提供专业化、职业化的社会服务,以帮助其预防或舒缓社会问题、恢复社会功能、提升社会适应能力,并在此基础上完善社会服务、促进人与社会的和谐发展。针对新型城镇化实践中存在的制度残缺、制度不公与制度排斥现象,社会工作可以通过发挥其在政策倡导、政策咨询与政策研究等方面的作用,为农村转移人口提供制度保障平台,助力城乡一体化目标的实现。

（四）优化城镇化治理机制,整合社会资源

新型城镇化作为我国现代化建设的核心要素,其与工业化、信息化和农业现代化紧密相关,共同构成现代化的应有之义。在新型城镇化实践中,各主体所具有的自身利益取向和功能边界,使其作用机制存在功能上的差异,这制约了新型城镇化的功能发挥和整体推进。例如,一些地方政府的短期行为、政府与市场的模糊边界、农村转移人口市民化的缓慢进程,以及相应制度保障的缺乏等,是新型城镇化功能发挥的主要制约因素[21]。现阶段推进的新型城镇化亟待理顺不同主体之间的功能定位,形成功能互补关系。社会工作在创新城镇化治理结构和机制方面具有显著意义,其在服务新型城镇化建设中,有助于把握城镇化进程中政府、市场和社会三大动力机制,正确处理好政府、市场和社会的功能边界,并在此基础上促进分工合作、协同治理，从而推动新型城镇化的健康、有序发展。社会工作的介入有助于通过对相关资源的整合，促进不同主体之间的有效联动与协调，充分发挥政府、市场、社会和公众的各自优势与功能，在多元主体合作治理的基础上形成社区治理共同体[22]，实现农村转移人口市民化的目标。

参考文献

[1] 孙祁祥，锁凌燕，郑伟.城镇化背景下社会公平保障体系建设的国际经验及其启示[J].中共中央党校学报，2014，18(2)：46－53.

[2] 辜胜阻，李洪斌，曹誉波.新型城镇化改革的原则与路径：十八届三中全会的城镇化新政[J].江海学刊，2014(1)：79－85.

[3] 中国金融40人论坛课题组，周诚君.加快推进新型城镇化：对若干重大体制改革问题的认识与政策建议[J].中国社会科学，2013(7)：59－76.

[4] 王春光.农村流动人口的“半城市化”问题研究[J].社会学研究，2006(5)：107－122.

[5] 朱孔来，李俊杰.“半城镇化”现象及解决对策[J].宏观经济管理，2012(9)：70－71.

[6] 黄斌欢.双重脱嵌与新生代农民工的阶级形成[J].社会学研究，2014，29(2)：170－188.

[7] 田毅鹏，吕方.单位社会的终结及其社会风险[J].吉林大学社会科学学报，2009，49(6)：17－23.

[8] 阎云翔.中国社会的个体化[M].陆洋，等译.上海：上海译文出版社，2012.

[9] 李强，葛天任.社区的碎片化：Y市社区建设与城市社会治理的实证研究[J].学术界，2013(12)：40－50.

[10] 方劲.劳动体系变迁、个体化与劳动者个体安全[J].天津社会科学，2014(3)：92－95.

[11] 陈承明.论新型城镇化和新农村建设的辩证关系[J].社会科学，2014(3)：48－52.

[12] 李强.中国城市化进程中的“半融入”与“不融入”[J].河北学刊,2011,31(5):106-114.

[13] 王思斌,阮曾媛琪.和谐社会建设背景下中国社会工作的发展[J].中国社会科学,2009(5):128-140,207.

[14] 徐选国,阮海燕.试论我国适度普惠社会福利与社会工作的互构性发展[J].天府新论,2013(1):109-115.

[15] 刘新智,刘雨松.农民参与新型城镇化的核心问题调查[J].经济纵横,2013(11):93-97.

[16] 蓝庆新,郑学党,韩雨来.我国人口城镇化质量发展的空间差异研究[J].社会科学,2013(9):50-61.

[17] 蔡泽昊,俞贺楠.新型城镇化与农民工市民化:制度保障、障碍及政策优化[J].河南社会科学,2014,22(3):36-48.

[18] 李迎生,袁小平.新型城镇化进程中社会保障制度的因应:以农民工为例[J].社会科学,2013(11):76-85.

[19] 郑杭生,杨敏.走向包容、公平、共享的新型城镇化:城乡社会变迁视野下中国城镇化道路的现实考量[J].宜春学院学报,2013,35(10):1-10.

[20] 徐选国,杨君.人本视角下的新型城镇化建设:本质、特征及其可能路径[J].南京农业大学学报(社会科学版),2014,14(2):15-20.

[21] 杨发祥,茹婧.新型城镇化的动力机制及其协同策略[J].山东社会科学,2014(1):56-62.

[22] 杨君,徐永祥,徐选国.社区治理共同体的建设何以可能:迈向经验解释的城市社区治理模式[J].福建论坛(人文社会科学版),2014(10):176-182.

涉罪未成年人社会调查制度中的问题与对策[①]

席小华　徐永祥

2012 年修正的《中华人民共和国刑事诉讼法》(以下简称《刑事诉讼法》)设置了未成年人诉讼程序专章,规定了社会调查等六项专门针对未成年人的司法制度。笔者试通过对社会调查制度正式实施以来实践情况的调研,深度思考其在实施过程中存在的问题及解决的对策。

一、《刑事诉讼法》(2012 年修正版)对社会调查制度的基本规定

《刑事诉讼法》(2012 年修正版)第二百六十八条规定:"公安机关、人民检察院、人民法院办理未成年人刑事案件,根据情况可以对未成年犯罪嫌疑人、被告人的成长经历、犯罪原因、监护教育等情况进行调查。"该规定主要涉及两个方面的内容:一是社会调查的主体既可以是公安机关,也可以是人民检察院或人民法院。

① 本文曾发表于《人民检察》2015 年第 8 期,此次收录略有修改。

也就是说，承担刑事诉讼任务的公安机关、人民检察院、人民法院（以下简称“公、检、法”）都是启动和开展社会调查工作的责任主体。二是社会调查的内容应包括未成年人的成长经历、犯罪原因、监护教育等。除此之外，该规定并未对其他细节性的内容做出进一步的说明。

二、社会调查制度正式实施以来呈现的问题

（一）社会调查制度适用范围有限

笔者在对北京、广东、云南等地社会调查制度实施状况考察后发现，社会调查制度并未在全国范围内广泛实施，即使在经济高度发展和专业基础相对较好的地区，该制度也尚不能覆盖所有涉嫌犯罪未成年人（以下简称“涉罪未成年人”）。在经济基础和专业力量相对薄弱的地区，社会调查制度的推动状况更不容乐观。出现这种状况的原因主要有以下几点。

第一，社会调查制度并非法律强制性的规定，因此其实施范围的拓展受到了限制。《刑事诉讼法》（2012 年修正版）第二百六十八条对社会调查制度的适用使用了“可以”而非“应该”这样的措辞，导致各地在适用该制度时缺乏强制力。对于一些难以找到专业力量支持的偏远省份，该制度往往难以落实。

第二，由于未成年人司法理念的落后，一些地区对实施这项制度的重视程度不够，这也影响了社会调查制度的推进。如前文所述，在很多经济和专业基础较好的地区，社会调查制度也未能全面覆盖，一个很重要的原因就是未成年人保护理念的落后，以及对社会调查制度的重要意义的理解不到位。

第三,专业基础薄弱也是影响社会调查制度推进的重要原因。社会调查工作是一项专业性很强的社会工作,开展这项工作的人需要具备法学、社会学、心理学等专业背景,并且需要掌握开展社会调查的专业技巧和方法。这样一支专业力量的寻找与培育都需要时间的积累。

(二) 社会调查的主体多元且分散,专业性亟须提升

《刑事诉讼法》(2012 年修正版)规定了社会调查的主体是公、检、法机关。但是,对于社会调查工作究竟是应该由公、检、法机关的工作人员直接开展还是委托其他机构实施,法律并未做出明确的规定,这导致实践中社会调查主体多样化。鉴于此,笔者对当前开展社会调查工作的各类主体进行了逐一的考察。

第一种是在办案过程中公、检、法机关工作人员自行开展社会调查。很多公、检、法机关工作人员自行开展社会调查工作的原因是找不到专业力量支持。对此,我们在肯定司法人员责任心的同时,也需要看到这种做法的不足:一是现阶段我国各级司法机关需要处理大量案件,很难有精力去开展案件审理以外的其他工作;二是司法人员的学科背景大多是法学专业,而社会调查工作人员除了需要法学背景以外,更多的是需要社会学、心理学等学科背景;三是社会调查工作是需要保持中立性的工作,司法社会调查的结论是司法人员适用法律的酌定情节,因此司法社会调查员应该是独立于司法人员之外的第三人,从中立的视角提供有关资料,帮助司法人员做出更加公正、客观的判断。如果司法人员担任司法社会调查员,那么其既是司法社会调查资料的收集者,也是社会调查资料的使用者,其中就缺少了一个中立的判断过程,因此难以保障法律适用的客观性与准确性。

第二种是由司法行政部门即司法局协助开展调查。司法行政部门是刑罚执行部门,因此在刑罚执行前介入开展调查有一定的必要性。但是由司法行政部门承担社会调查工作也存在两个问题:一是目前我国司法行政部门工作人员编制普遍较少,而包括社区矫正、帮教安置等工作任务在内的司法行政工作非常繁重,如何协调专门人员负责司法社会调查工作是首先需要解决的问题;二是大多数司法行政人员的学科背景也是法学专业,不能完全满足社会调查工作的专业要求。

第三种是由社会志愿者担任司法社会调查员,即司法机关招募具有爱心的志愿者协助自身开展社会调查工作。志愿者作为推动社会发展的重要力量,具有热情、爱心和强烈的社会责任感,同时志愿者中也有一部分人士具有较强的业务能力,这些都是他们参与社会调查工作的优势。但是,社会志愿者大多有自己的本职工作,难以持续不断地对司法社会调查工作投入精力和热情。同时,司法机关对案件审理的时间限制非常严格,志愿者能否在司法机关适用法律的期限内完成司法社会调查任务也是一个问题。

第四种是由专业的社会工作者担任社会调查员。这是西方发达国家的普遍做法,我国北京、上海也广泛采用这种模式。专业的社会工作者服务于社区矫正或专业社会工作机构,司法机关与这些机构建立合作关系。受司法机关的委托,社会工作者利用自己的专业知识,围绕涉罪未成年人的生活背景展开细致的调查。调查结束后,社会工作者向司法机关提交司法社会调查报告,作为司法人员适用法律的参考依据。社会工作者因具有法学、社会学、心理学等专业基础知识,所以是最适合承担社会调查任务的主体。但是在实践中存在的困境是,我国社会工作专业发展的时间较短,社会工作专业毕业的学生人数有限，很多地区难以找到社会工作专业力量的支持。

通过以上分析可见，目前我国社会调查的主体比较分散，而每类主体在专业基础、职业身份、介入模式等方面都存在明显差异。这就导致了社会调查工作专业标准不统一，甚至出现专业性和规范性明显不足的问题。尽快明确社会调查主体，尤其是界定社会调查主体应具有的专业资质，是促进社会调查工作健康发展的当务之急。

（三）社会调查的内容不尽一致，社会调查报告的形式多样

对于社会调查的内容，《刑事诉讼法》（2012 年修正版）规定，要调查“未成年犯罪嫌疑人、被告人的成长经历、犯罪原因、监护教育等情况”。但是，在社会调查实践中，仅仅关注涉罪未成年人的成长经历、犯罪原因、监护教育是远远不够的。在全国各地社会调查的实践中，社会调查主体主要采取以下三种做法。

第一种是更关注对涉罪未成年人个体因素的调查，尤其是关注心理因素调查。在有些地方的实践中，社会调查主体非常重视对涉罪未成年人个体的认知状况、行为习惯等因素的调查，甚至将社会调查限定于“品行调查”或“人格调查”。这种做法只关注了个体问题而忽视了环境因素，显然是不全面的。

第二种是更关注对涉罪未成年人家庭、学校等外部环境的调查。笔者在调研中发现，有些地方在进行社会调查时甚至都不与涉罪未成年人见面，只是到其家里、学校走访了解情况，然后完成一份简单的社会调查报告。这样的社会调查报告同样不能全面反映涉罪未成年人的情况，因此对于司法人员适用法律基本不具有参考作用。

第三种是既关注涉罪未成年人的个体因素，也关注其周围的环境因素，还能够在个体与环境的互动中有效把握各种因素的发展与变化。这种调查方式往往能够全面地把握社会调查工作的内容，相对真实、客观地还原涉罪未成年人的生活场域及犯罪原因，调查结论对司法机关适用法律也具有良好的参照作用。

总之，《刑事诉讼法》(2012年修正版)对涉罪未成年人社会调查内容的规定较少，而各地实践中的做法又不尽一致。关于调查内容的呈现形式，即社会调查报告，自然也是形式多样的，有的地方采用表格式，有的地方采用报告式，其撰写的模板及方式也明显不同。

三、完善社会调查制度的对策建议

(一) 通过倡导未成年人司法保护理念，拓展社会调查制度的适用范围

社会调查制度的司法理念是通过社会调查，实现对未成年人的司法保护和人文关怀。对未成年人司法保护的基础是司法公正，司法公正包括实体公正和程序公正两个方面。涉罪未成年人社会调查工作对于实现实体公正和程序公正均有积极的促进作用。[1]在实体公正方面，通过对涉罪未成年人个体因素、社会因素、个体社会支持因素的调查，我们可以全面评估涉罪未成年人犯罪的背景和原因，在符合法律规定的情况下，司法机关可以做出有利于未成年人未来发展的处理结果。就程序公正而言，对涉罪未成年人进行社会调查，就是基于未成年人的特殊身份而在诉讼程序上所做的特别设置。这本身就意味着未成年人刑事诉讼程序日趋

科学化和精密化,符合程序公正价值的要求。

社会调查制度还体现了对未成年人的司法人文关怀。因为只有通过社会调查,我们才能够清晰了解涉罪未成年人在个体及社会关系层面存在的缺陷和需求,也才能据此有针对性地开展帮教工作。因此,涉罪未成年人社会调查工作绝不仅仅是简单了解涉罪未成年人有关信息的工作,而是带有强烈价值取向的社会工作,而这个价值的终极目标就是通过社会调查,找到帮助涉罪未成年人的途径与方法。

虽然我国少年司法制度的改革已经走过了 30 多年的发展历程,但是少年司法的理念还需要进一步倡导和宣传,只有社会各界都接受了现代少年司法理念,社会调查制度等一系列少年司法制度的实施才能更加顺利。因此,宣传和倡导现代少年司法理念是推动社会调查制度快速发展的前提条件。

（二）借助专业培训提升社会调查主体的专业能力

如前文所述,社会调查工作的主体由社会工作者担任较为合适。但是目前我国社会工作者的数量较少,全国各地可依托的资源不同,对此,可通过专业培训实现社会调查主体专业标准的统一。培训的基本内容应包括以下方面。

第一,开展犯罪学、心理学、社会学等基本学科知识培训。社会调查是主体认识客体的过程,只有对社会学、心理学、犯罪学、教育学等相关学科研究成果进行充分学习,并自觉地运用有关研究成果指导调查过程,才能使评估的结论更趋于客观,也才能使评估过程中提出的教育矫正建议更具针对性。

第二,针对社会调查主体开展专业方法培训。科学知识是基础,然而收集资料的方法同样需要严格的专业训练。比如,在收集信息的过程中，社会调查主体如何与访谈人建立关系、如何提问、如何回应、如何整理资料、如何进行深入的分析，这些方法的掌握都必须经过专业的训练。

第三，训练社会调查主体在开展调查工作中坚持中立性和保密性的原则。社会调查的初衷之一就是保障量刑结果的公正性和客观性，因而社会调查主体的立场应该是客观、中立的。在社会调查中，社会调查主体既要收集对涉罪未成年人有利的因素，也要收集对其不利的因素，只有这样才能为司法公正提供保障。同时，有关法律明确规定，涉罪未成年人的隐私受法律保护，社会调查人员应注意保密，以免给未成年人造成伤害。

开展社会调查学科知识、专业能力、基本原则的训练，提升社会调查主体的专业能力，是解决目前我国社会调查主体分散、专业背景不一的唯一途径。随着社会调查制度的持续发展，我国的社会调查主体也应该向一些社会调查制度比较完善的国家和地区学习，统一社会调查主体身份和社会调查专业标准，以便于规范化开展社会调查工作。

（三）以相关学科知识为基础确定社会调查的内容框架

社会调查的内容是涉罪未成年人社会调查工作的核心问题，社会调查主体应依据有关学科知识和实务经验，明确涉罪未成年人社会调查的内容框架。综合国内外涉罪未成年人社会调查的实践，笔者认为，社会调查的内容应围绕两个大的维度展开，一是风险性因素，二是保护性因素。

1. 风险性因素

所谓风险性因素是指增加犯罪发生频率或严重程度的任何事件。风险性因素来自三个方面，分别是个体、社会和历史性事件。

导致未成年人犯罪的风险性因素及其内容与表现如表 1 所示。

表 1 风险性因素及其内容与表现

风险性因素	调查内容	表　　现
个体风险因素	态度特征	解决问题、解释问题的消极态度，对学习不投入
	认知特征	缺乏同理心、存在认识偏差
	行为特征	自我控制能力差、有不良行为习惯
社会风险因素	同辈群体	同辈互动群体及互动方式
	家庭环境	家庭结构、家庭功能、家庭成员的行为
	学校环境	在学校的学习状况、同学交往状况、师生关系状况、学校周边环境、学校法制教育情况、学校教育目标及学校教育方式等
	社区环境	社区的物质条件、社区文明程度、社区可以为居民提供的相关支持条件
	社会文化环境	是否沉迷于网络，是否受到不良网络文化的影响
	监禁环境	监禁环境的负面影响
历史风险因素	联系生活事件史，找到犯罪行为的根源	家庭经济困难，老师不喜欢自己，对父母不满，当众受到侮辱或名誉受到损害，恋爱受挫，学习遇到困难或学习负担重，父母离异，早年监护中断，人际关系失衡(如被同伴排挤)，父母或其他重要他人有过犯罪经历，本人有过犯罪经历，本人患重病，少年时代有过被虐待的经历，等等
	根据帮教前后变化，找到预防再次犯罪的线索	认罪服法态度、对有关未成年人的法律法规认识程度、关押或取保期间表现及接受监督考察的态度变化，自我认知程度、换位思考能力、求职求学态度、对个人未来的展望及对社会主流价值理念的接纳程度的改变，等等

2. 保护性因素

所谓保护性因素是指个体所处环境中可以抵消风险性因素，或者即使身处风险情境中也可以抑制偏差行为发生的各类因素。

保护性因素能够促使未成年人更好地应对困境,预防犯罪。保护性因素分为外部保护因素和内部保护因素两个方面,其具体内容与表现如表2所示。

表2 保护性因素及其内容与表现

保护性因素	调查内容	表现
外部保护因素	正面社会联系	对父母的依恋、对学校的依恋、对良好朋友及同伴的依恋、社会调查员的参与和介入
	正面社会交往	具有来自同辈群体的支持力量,有合理的宣泄渠道,能通过与同辈群体的正面交往填补在其他方面缺失的归属感和认同感
内部保护因素	积极看待干预和权威	若涉罪未成年人能够积极看待社会调查员的干预,则社会调查工作会更准确、更完整,帮教工作也会更具体、更有效
	了解自己的问题并愿意改正	了解自己的性格和能力,实事求是地看待自己的犯罪行为,有切合实际的学业志向和是非观,对自己的弱点不回避并愿意改正,等等
	具有良好的个人内在特质	有正向的性格特质,能够将正向的性格特质与外在环境联系起来,有正确的自我观念

上述两大因素中所涉及的社会调查内容,需要社会调查人员在实务中不断丰富和完善,这样有助于提升我国社会调查工作的专业化水平。

参考文献

路琦,席小华.未成年人刑事案件社会调查理论与实践[M].北京:中国人民公安大学出版社,2012.

涉罪未成年人社会调查的理论框架及具体内容[①]

席小华　徐永祥

涉罪未成年人社会调查，是指具有专业资质的社会调查主体围绕涉罪未成年人的生活背景、成长经历、家庭环境、社会交往以及回归社会的社会支持条件等一系列要件展开的专业调查活动。

20世纪80年代，社会调查制度开始在中国少年司法实践中适用。《刑事诉讼法》(2012年修正版)设置了未成年人诉讼程序专章，自此，社会调查作为一项特色少年司法制度在立法中得以正式确立。然而，从全国的实践来看，涉罪未成年人社会调查工作的专业性明显不足，其中最突出的表现就是对社会调查内容的选择存在随意性，导致社会调查报告的水平参差不齐，对司法实践及涉罪未成年人帮教的指导意义不明显。

自2009年起，笔者带领自己的团队与北京市相关司法机构合作开展涉罪未成年人社会调查工作，如今已经积累了1 000多个案例，本文将在这些实务经验的基础上，结合国内外社会调查工作的

---

① 本文曾发表于《华东理工大学学报(社会科学版)》2015年第3期，此次收录略有修改。

做法,对我国涉罪未成年人社会调查的理论框架以及需要把握的具体内容进行梳理,希冀能够为同行提供参考,从而提高我国涉罪未成年人社会调查工作的科学化、专业化水平。

一、我国涉罪未成年人社会调查内容现状分析

关于社会调查的内容,《刑事诉讼法》(2012 年修正版)指出要调查“未成年犯罪嫌疑人、被告人的成长经历、犯罪原因、监护教育等情况”。众所周知,在社会调查实践中,仅仅关注涉罪未成年人的成长经历、犯罪原因、监护教育是远远不够的。笔者通过考察,发现在全国各地社会调查实践中,社会调查主体主要采取三种做法,笔者在《涉罪未成年人社会调查制度中的问题与对策》一文中已对这一部分内容进行了详细介绍,此处不再赘述。

《刑事诉讼法》(2012 年修正版)只列举性地规定涉罪未成年人社会调查的内容,而各地实践中的做法又不尽一致,社会调查内容的呈现形式也是多样的。这种状况亟须改善,因为社会调查的内容是影响这项工作成效的核心要素。然而,社会调查内容的确定,需要相关学科专家及学者在研究社会调查理论的基础上,结合国内社会调查工作的实务经验,提出一个相对完整的框架,为社会调查工作的规范发展提供必要的专业支持。

二、确定涉罪未成年人社会调查内容的理论依据

针对涉罪未成年人开展社会调查工作,调查人员需要关注的核心问题是导致未成年人犯罪的个体因素、环境因素以及两者的

互动过程。不可否认的是,社会调查是一项非常艰难的工作,因为社会调查主体与客体之间存在着明显的时空差距,而缩小这种差距的途径就是尊重和依据国内外已有的犯罪学及相关学科的研究成果。

不同学者在解释未成年人犯罪发生的原因时,都是根据自己的学术背景(生物学、心理学、社会学)来进行假设和研究的,但是在社会调查过程中,调查人员绝不能局限于某一研究视角,用单一因素解释犯罪发生的原因,而应该关注多学科研究成果,并借此关注所有导致犯罪发生的风险性因素以及可以帮助其顺利回归社会的保护性因素。国内学者对有关理论成果已经进行过系统的梳理[1],此处不再一一赘述。但是,在此需要强调以个体和环境互动关系为取向的系统理论,因为该理论在关注诸多理论研究成果的同时,也为社会调查维度和内容的确定提供了完整的理论框架。

系统理论集中关注作为系统的所有组成部分,对问题的分析结合了心理因素和社会因素的考量。[2]系统理论尤其强调“人在环境中”的观点,特别重视情境的存在和评估。情境是个人可以随时随地认知其所处环境状况的重要因素,其意含个人所实际面对和认知的世界,并发展独特的因应行为,因此情境包括生理、心理、社会、文化和政治环境等多个层面。但情境就静态结构而言,可以分为微观、中观、宏观三个层次的社会环境。

社会生态系统理论引用生物和环境关系这一理念,认为个体在与其所处环境交流的过程中,只有在适合成长的时间点获得足够的环境资源才能进行各项生命历程。为了维系生命历程的前进,个体就会与其所处环境保持适切的调和度,以达到顺利的适应。社会生态系统理论以下的几点基本假设[3]对社会调查工作的指导尤为重要：一是一个人有能力与其所处的环境进行互动，能和其他人发生关系是一个人与生俱来的能力；二是人在情境中是一个联合的交流系统，人与环境在此系统中相互影响，形成一种互惠性的关系；三是一个人的人格是其与所处环境长期交流的结果；四是要想理解一个人，必须将其置于其生长的自然环境及所在的情境之中；五是所谓的问题是指生活中的问题，要想了解一个人的问题必须将其置于其所生活的整体空间中。

美国心理学家布朗芬布伦纳在其生态系统理论中提出了影响儿童发展的不同水平和类型的环境效应，主要包括微观系统、中观系统、外系统和宏观系统（见图1）。微观系统是指家庭、学校、同伴；中观系统是指各微观系统之间的联系或相互关系，如儿童在家

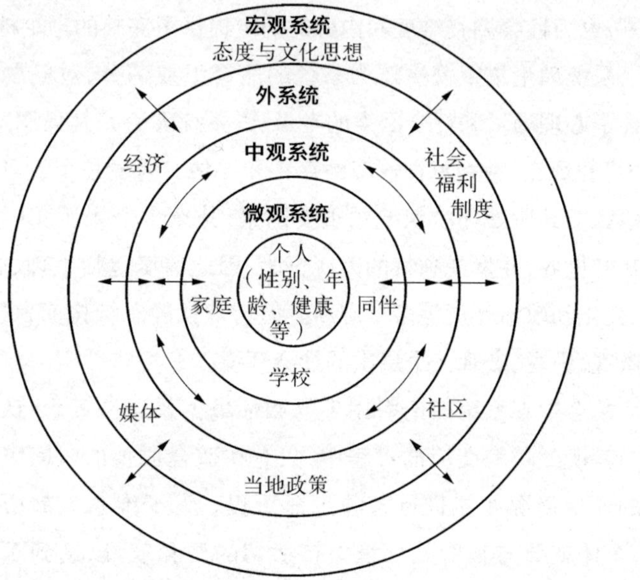

图1　社会生态系统图

庭中与兄弟姐妹的相处模式会影响他在学校中与同学间的相处模式;外系统是指个体并未直接参与但对他们的发展产生影响的系统,如媒体、社会福利制度等;宏观系统是一个文化系统,涵盖社会的宏观层面,如态度与文化思想等。[4]

三、涉罪未成年人社会调查的具体内容

系统理论生动描述了每个社会个体所生存的空间场域,同时也解释了个体行为与各个系统间的互动关系。它不仅确定了社会调查的完整框架,还指出了社会调查工作应涉及的具体内容,更重要的是,它强调要在各个系统的动态关系中去把握有关因素间的互动关系。

在系统理论的框架中,社会调查的具体内容可分为两类:风险性因素和保护性因素。风险性因素包括个体风险因素、社会风险因素和历史风险因素。保护性因素的分析借鉴了美国犯罪学家雷克里斯的遏制理论中“外部遏制”和“内部遏制”的概念,分为外部保护因素和内部保护因素(见图2)。

(一)涉罪未成年人社会调查需要关注的风险性因素

构成风险性因素的条件越多,发生犯罪的可能性就越大。风险性因素来自三个方面,即个体自身、社会和历史性事件。

1. 个体风险因素

社会调查员在对个体风险因素的考察中,首先需要关注生理风险因素。虽然现代犯罪生物学研究解释了一系列可能导致人犯罪的遗传及体质方面的相关因素,为社会调查与评估提供了重要依据,但是因其对科技手段要求较高,所以无法在社会调查实务中

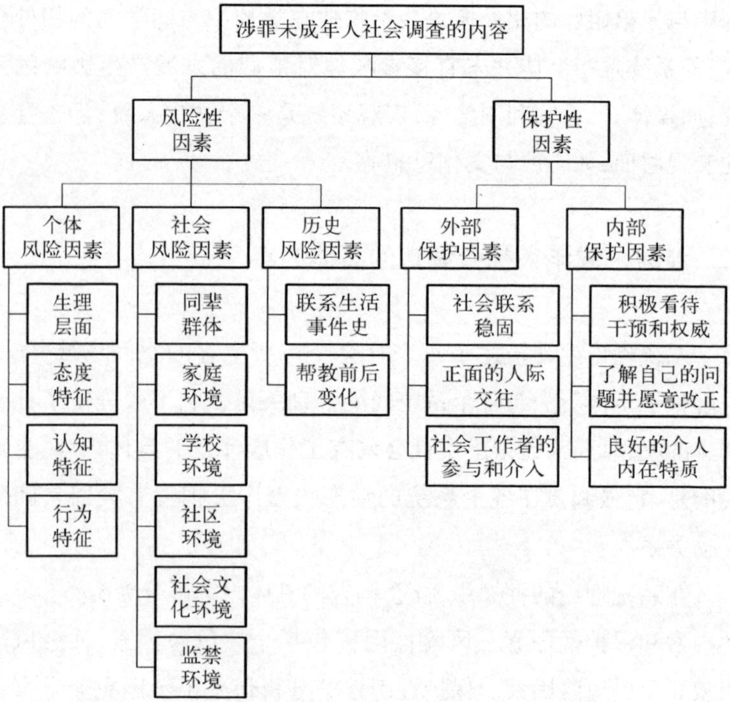

图 2　涉罪未成年人社会调查的内容

有效体现。社会调查员只能通过了解涉罪未成年人外显的性别、体型、神经气质类型特征、异常生物学因素来形成对涉罪未成年人的初步判断,在此就不做详细的讨论。

对个体风险因素的考察,本文着重从三个维度六个因素来进行讨论。三个维度分别是态度特征、认知特征、行为特征,这三个维度包括以下六个因素。

(1) 解决问题、解释问题态度消极。这既与未成年人实施犯罪行为密切相关,同时也对其顺利回归社会产生深刻影响。在社会调查实务中,社会调查员会发现很多涉罪未成年人只关注最后的审判结果,遇事消极逃避,甚至会在与社会调查员的交谈中产生抵触情绪,不愿与社会调查员共同探索问题产生的原因及解决的办法。例如,调查员在进行社会调查工作时,调查对象常说出"谁知道明天会发生什么""我也没有办法"等语言,而行为表现也是逃避、躲闪的,如约见过程中经常迟到、爽约等。如果社会调查员发现涉罪未成年人具有这一态度特征,就应给予高度关注。

(2) 对学习不投入。美国犯罪学家赫希认为,学习能力差和学习成绩差的学生都很有可能犯罪。学习能力和学习成绩与学生对学校的态度有关,不喜欢或不依恋学校的学生的学习能力和学习成绩往往较差,这样的学生也就更容易犯罪。因为不喜欢或不依恋学校,往往被看成未成年人犯罪动机的一种来源,有些未成年人犯罪是发泄由不愉快的学习经历导致的挫折感的一种方式。为此,赫希勾勒出学校与未成年人犯罪之间的原因锁链:学习能力差→学业成绩差→不喜欢学校→抵制学校的权威→发生犯罪行为。[5] 赫希的研究结论在我国的未成年人犯罪研究中得到了印证。我国很多涉罪未成年人都有因学习成绩不好而得不到教师、家长认可的痛苦经历,来自校园的各种教育、管理、引导在他们那里成为刺耳的噪声,他们因没有成就感与归属感而逐渐抵触和逃离校园,进而走上犯罪的道路。

(3) 缺乏同理心。同理心是指正确了解他人的感受和情绪,进而做到相互理解和关怀,实现情感上的融洽。简言之,同理心就是"将心比心",设身处地去感受、体谅他人。未成年人犯罪的很大动因就是缺乏同理心,即欠缺换位思考的能力,他们大多从自己的利益出发,在案发后也仅为自己要面临的严峻惩罚和给家人带来的伤痛而感到痛苦,很难理解自己给被害人造成的伤害和给社会带来的危害。对同理心状况的考察是社会调查必须关注的问题。

（4）存在认知偏差。这里讲的认知偏差包括多个层面的含义，但最主要的是了解涉罪未成年人对法律的认知。存在法律认知偏差包括两个层面的含义：一是不了解法律的基本规定，实施犯罪行为时甚至不知道自己的行为是犯罪行为；二是缺乏基本的法律意识，对自己与他人及社会的权利、义务关系的认识不清晰。以上两个因素都是导致未成年人犯罪的重要原因，同时也是阻碍其顺利回归社会的风险性因素，因此是社会调查必须关注的重要因素。

（5）自我控制能力差。很多未成年人实施犯罪行为与其自我控制能力差密切相关。自我控制能力差是很多未成年人所具有的生理与心理特征。在社会调查实务中，很多涉罪未成年人将自己的行为归结为"冲动""脑袋一热"，有时所谓的外界刺激可能就是教师的一次嘲讽、家长的一次责备、朋友的一句玩笑话。通过社会调查员的帮教，他们则表示："以后做事要多动脑子，三思而行。"总之，社会调查需要关注未成年人的自我控制能力。

（6）具有不良行为习惯。很多未成年人实施犯罪行为与其具有不良行为习惯有关。一项针对北京市已经犯罪的未成年人的调查显示，很多未成年人在犯罪前就已经具有一种到四种不良行为，这些不良行为包括抽烟、喝酒、逃学、旷课、夜不归宿、打架斗殴、辱骂他人、与有社会不良行为人群交往等。[①] 因此，是否具有不良行为习惯是社会调查中需重点关注的行为特征。

---

① 2013 年，共青团北京市委权益部委托首都师范大学少年司法社会工作研究与服务中心开展了"北京市青少年不良行为的类型及原因调研"，在调研中得出此项结论。

2. 社会风险因素

与社会环境有关的风险性因素,主要包括同辈群体、家庭环境、学校环境、社区环境、社会文化环境和监禁环境六个方面。

(1) 同辈群体。同辈群体是指由于在家庭背景、年龄、爱好、经历或境遇等方面相似或一致而自发形成的群体,带有明显的情感色彩。同辈群体是一种非正式的初级群体,是个体社会化及自我形成的重要环境因素。美国犯罪学家萨瑟兰认为:“犯罪行为是在一种交际过程中与别人的相互作用中学会的。”[6]社会调查员在进行社会调查过程中发现,未成年人因受到同辈群体影响而实施违法行为的案例比比皆是。

从对大部分涉罪未成年人的调查分析来看,涉罪未成年人的主要交往对象不乏“双差生”和在社会上有劣迹的人员,尤其是在团伙犯罪中更加明显,且调查对象的大多数违法行为也是与其朋友合伙所为。当未成年人结交到有不良行为习惯或有过违法犯罪行为的朋友时,他们在一定程度上会受到不良影响,有的甚至无意识地跟随朋友开始学习违法犯罪的方法以及错误的价值观和人生观。因此,在实际调查工作中,社会调查员需要了解涉罪未成年人身边的朋友、同学、恋爱对象等。

(2) 家庭环境。家庭是一个人生活和成长的首要场所,家庭环境的好坏直接决定和影响着其是否能够健康成长。良好的家庭环境往往会孕育一个人健康的心理和健全的人格,为其健康成长提供必要的条件。相反,不良的家庭环境往往会导致一个人产生人格缺陷和行为偏差。一个人犯罪与否与其早前的家庭生活体验有很大关系。社会调查员对涉罪未成年人家庭环境的调查主要涉及三个方面。

第一,关注家庭结构——家庭的完整性和家庭经济情况。我国社会正处于转型期,因离婚、分居等产生的破碎家庭或单亲家庭不断涌现。形态上不完整的家庭虽然不一定会导致未成年人心理上的不完整,但不完整的家庭可能会导致家庭功能的失调,未成年人因此出现不恰当的适应社会模式,最后进行犯罪活动。此外,家庭的经济状况对未成年人犯罪也有着一定的影响,主要表现在如下几个方面: 首先,家庭经济收入低,不能满足未成年人物质上的需求,未成年人更容易在家庭外部寻求物质上的支持和保障,从而走上犯罪的道路;其次,家庭经济收入低会通过直接或间接地增加父母的痛苦和家庭冲突来破坏有效的教养实践,削弱父母给孩子提供社会或情感支持的能力;最后,家庭经济状况不佳会导致未成年人更有可能居住在处境不利的社区,在教学质量低的学校就学,接触不良同伴,在观察社会和学校暴力中习得不良品行,所以他们从事犯罪活动的可能性会增大。

第二,关注家庭功能——家庭成员间的关系和家庭氛围。家庭成员之间的关系既指父母之间的关系,也指父母与子女之间的关系。涉罪未成年人大多来自亲子之间、父母之间、兄弟姐妹之间冲突多的、不和睦的家庭。[7]如果未成年人在家中能和父母有良好的沟通,保持较好的情感接触,他们的心理通常能健康发展;反之,如果他们在家里得不到安全感、归属感或情感上的满足,就可能会逃离家庭,在社会上寻求支持和认同。家庭成员间的关系直接决定了家庭处于何种氛围。家庭成员关系和睦的家庭必然充满了关爱和温馨,能满足未成年人的心理需求,而家庭氛围不和谐的家庭在未成年人心里埋下的则是恐惧、忧虑和失望的种子。为逃避不良的家庭氛围,他们极易离家出走,一旦受到社会不良因素的影响,就会滑向犯罪的深渊。

第三,关注家庭成员的行为——父母的教养方式。所谓父母的教养方式,是指父母的教养观念、教养行为以及他们对子女的情感表现的一种组合方式。我国学者王海英将大多数父母的教养方式区分为四大类型:专制型的教养方式、溺爱型的教养方式、放任型的教养方式、民主型的教养方式。[8]涉罪未成年人的父母很少采取民主型的教养方式,这便会对未成年人的社会性发展、学业成就、心理健康、自尊等方面产生负面影响。

(3) 学校环境。学校承担着对未成年人进行主流文化价值观培养和教育的任务。学校是未成年人走出家庭、进入社会的重要场所之一。未成年人的大部分时间是在学校里度过的,从某种程度上看,学校环境中潜藏着更大的犯罪风险因素。社会调查员在学校方面的调查工作主要包括调查涉罪未成年人在学校的学习状况、同学交往状况、师生关系状况、学校周边环境、学校法制教育状况、学校教育目标及学校教育方式等。

(4) 社区环境。社会是由若干个社区组成的。社区一般是指聚集在一定地域范围内的,以一定规范和制度将个人、群体、组织结合在一起的社会生活共同体。作为人们居住与生活的共同体,社区对于每个人的早期社会化都有决定性的意义。社区在体现一定的社会时代特征的同时,其自身的物质条件、文明程度和融入环境,也对生活在其中的社会成员产生深刻影响。对于社会活动领域相对较小、选择能力相对较弱的未成年人群体来说,社区环境对他们的影响有一定程度的强化或弱化作用。因此,在涉罪未成年人社会调查中,特别是在涉罪未成年人外地籍占绝大多数的背景下,社会调查员尤其需要重点对社区的物质条件、文明程度以及可以为社区居民提供的相关支持条件等方面开展必要的调查。

（5）社会文化环境。目前，图书报刊、音像制品、文化娱乐场所等文化市场中充斥着大量的色情、暴力等负面内容，这对社会文化环境造成了严重的污染。而这种污染对于涉世未深的未成年人产生的消极影响更加深远，严重误导着正在成长中的未成年人。尤其是随着网络的普及，社会文化的影响在未成年人的成长过程中扮演着越来越重要的角色，网络不良文化的传播甚至可能加快未成年人的犯罪进程。因此，在社会调查过程中，社会调查员需要关注涉罪未成年人使用网络的状况，即是否沉迷于网络，是否受到不良网络文化的影响等相关内容。

（6）监禁环境。在涉罪未成年人案件诉讼的过程中，涉罪未成年人会被暂时拘留，时间或长或短，社会调查员的调查工作也主要在监禁环境中进行。一方面，涉罪未成年人处于一种严格管理和失去自由的生活环境中，内心充满了焦虑，这使得他们产生了不同程度的认知障碍和情绪障碍；另一方面，大部分涉罪未成年人被关押在一起，他们日常的接触非常深入，所产生的负面影响不可小觑。所以，社会调查需要关注监禁环境对涉罪未成年人产生的各种影响。

3. 历史风险因素

除了对涉罪未成年人进行横向的社会调查外，社会调查员还需要进行纵向的个体调查，即追溯个体的历史生活轨迹。可以说，在进行社会调查的过程中，调查对象的成长经历往往与其违法行为有着或多或少的联系。

（1）联系生活事件史，找到犯罪行为的根源。社会调查员调查工作的一项主要内容即在涉罪未成年人的犯罪事实基础上联系他们的生活事件史，因为生活事件对他们的心理的影响是不容忽视的。从社会调查员的实践经验来看，影响涉罪未成年人犯罪的生活事件主要包括如下方面：家庭经济困难；老师不喜欢自己；对父母不满（如长期处于家庭暴力环境、与父母沟通不畅）；当众受侮辱或名誉受损害（如遭同伴耻笑、被人误会）；恋爱受挫；学习遇到困难或学习负担重；父母离异；早年监护中断（如监护人患重病或去世）；期待得到的赞扬落空；人际关系失衡（如被同伴排挤）；父母或其他重要他人有过犯罪经历；本人有过犯罪经历；本人患重病；少年时代有过被虐待的经历；自残或企图自杀过；等等。

（2）根据帮教前后变化，找到预防再次犯罪的线索。社会调查员对涉罪未成年人进行的社会调查贯穿于帮教工作的全过程，大致上可分为前期调查和后期调查。前期调查主要是了解涉罪未成年人的成长历程，后期主要调查的是了解涉罪未成年人在帮教工作前后的变化。后期调查包括以下内容：其一，对法律法规的认知能力的变化，即认罪服法态度、对有关未成年人的法律法规认识程度、关押或取保期间表现及接受监督考察态度的变化；其二，回归社会能力的改变，即自我认知程度、换位思考能力、求职求学态度、对个人未来发展期望及对社会主流价值理念的接纳程度的改变。

（二）涉罪未成年人社会调查需要关注的保护性因素

保护性因素能够缓和甚至减弱风险性因素的影响，促使未成年人更好地面对困难、预防犯罪。保护性因素分为外部保护因素和内部保护因素两个方面。

1. 外部保护因素

（1）社会联系稳固。赫希的社会联系理论认为，任何人都是潜在的犯罪人,个人与社会的联系可以阻止个人做出违反社会准则的越轨行为与违反法律的犯罪行为,当这种联系薄弱时,个人就会无约束地随意做出犯罪行为。因此,犯罪行为就是个人与社会的联系薄弱或受到削弱的结果。[5] 赫希所谓的"社会联系"即未成年人所拥有的保护因素,主要是指对父母的依恋和对学校的依恋。

根据赫希的研究,不管父母是否有犯罪行为,也不管父母的道德品质如何,只要未成年人对父母有感情依恋,他们犯罪的可能性就较小。这是因为,对父母的依恋制约着未成年人的适当社会化和对行为准则的内化。而未成年人对父母的情感依恋恰恰就来源于父母的关心和支持、父母积极的处世态度和抚养方法以及父母对其存在问题的了解。如果父母在未成年人犯罪后,仍能提供积极、正面、适当的支持力量,那么未成年人对父母的依恋会增强,再犯罪的概率就会大大降低。在涉罪未成年人回归家庭的过程中,社会调查员会根据其亲子关系情况开展帮教工作,能够与父母顺利修复关系的未成年人更容易矫正以往的偏差认知与偏差行为习惯,如他们会在发生冲突时考虑父母的感受,从而更好地控制自己的行为。

在学校中,教师的支持与鼓励越多,对学生的了解程度越高,管教的方式越恰当,学生越不会做出犯罪或越轨行为。因此,对学校的依恋可以使个人顺利地从童年过渡到成年,从而能够控制其实施犯罪活动。如果涉罪未成年人对自己未来有合理的规划,渴望在学校内学习,学校对涉罪未成年人持包容、接纳的态度,那么涉罪未成年人再犯罪的概率也会大大降低。因此,社会调查员需要走访学校或者与教师进行电话沟通,了解涉罪未成年人在校与同学、教师的交往状况及对班集体活动的参与情况等,调查学校教师对涉罪未成年人的态度。大多数涉罪未成年人在被拘留期间最大的愿望都是“回家”“回学校上学”，当得知自己有可能失去继续读书的机会时，他们显得十分沮丧、迷茫，不知道自己的将来该如何规划。若能继续获得求学的机会，他们大多都能以“好好学习”为重要途径来弥补自己的过错，也愿意通过努力学习为自己争取更多的机会，以弥补犯罪经历给自己的人生带来的缺憾。

社会工作者的参与也是涉罪未成年人健康成长的重要外部保护因素。例如，笔者在北京开展的社会调查实践注重社会调查与帮教工作的有机整合，并且社会调查贯穿公、检、法三个刑事诉讼程序，社会工作者的长期陪伴对涉罪未成年人产生了明显的正向影响。因此，社会工作者参与涉罪未成年人帮教工作的成效同样需要被调查和分析。

除了父母、学校、社会工作者这些外部保护因素外，涉罪未成年人是否拥有来自家族、社区等其他良性的社会支持资源，社会调查员也应清晰地了解。

(2) 正面的人际交往。涉罪未成年人若存在正面的人际交往群体，即有来自同辈群体的支持力量，有合理宣泄的渠道，而非处于负面行为侵染的环境中，则会在与同辈群体正面的人际交往中，填补在其他方面缺失的归属感和认同感，进而促使利他行为的产生。社会调查员在介入涉罪未成年人的社会调查工作时，可以很明显地发现人际交往对涉罪未成年人的重要影响。

2. 内部保护因素

(1) 积极看待干预和权威。多数涉罪未成年人为初犯，且为“一时冲动”，对于他们来说，自己被移送给公安机关或检察机关是人生的一次灾难性突发事件，有的涉罪未成年人因此一蹶不振，消极对待。此时若社会调查员及时干预,则可以起到缓解其痛苦情绪体验、改变其错误认知、矫正其偏差行为的作用。有效的干预能帮助他们获得心理上的安全感,恢复心理的平衡状态,并学习到今后应对危机的有效策略与健康的行为。因此,若涉罪未成年人能够积极看待社会调查员的干预,主动打开心扉,让社会调查员走进自己的内心世界,则社会调查工作会更准确、更完整,帮教工作也会更具体、更有效。

(2) 了解自己的问题并愿意改正。了解自身存在的问题,即有良好的自我意识,对自己有全方位的客观认识。具有良好自我意识的涉罪未成年人有如下表现:能正确认识自己的机体状态、认识过程、情感过程、意志过程和行为方式,了解自己的性格和能力,实事求是地看待自己的犯罪行为,有切合实际的学业志向和是非观,能正确认识自己的长处和不足;对自己的弱点如法律意识淡薄、自控能力差、言行脱节等不回避,愿意改正,即使是无法补救的缺陷,也能泰然处之,积极寻求解决的办法,不过于自责,不自暴自弃。

(3) 具有良好的个人内在特质。良好的个人内在特质主要包括如下方面:一是有正向的性格特质,如乐观、进取、开朗、坚忍、挫折忍受力强、责任心强、幽默等;二是能够将正向的性格特质与外在环境联系起来,即上述特质或能力可以直接或间接地在外部环境中呈现出来,如问题解决、社会适应技巧、信任他人、从他人处寻求资源等;三是有正确的自我观念,如自信、自尊、自我认同、自我保护等。[9][10]

(三) 风险性因素和保护性因素在社会调查实务中的运用

下面,我们通过一个简单的案例,说明在社会调查实务中如何运用以上风险性因素和保护性因素。

案例情况：小明(化名)因参与贩卖毒品而构成犯罪。当社会调查员在看守所里对他开展社会调查时，他很坦然地说："我所卖毒品，是别人自愿买的，我不认为自己(的行为)有什么不对。"他甚至觉得法律对他是不公正的。社会调查员进而又找到小明的父母开展调查，通过访谈得知，小明父母早年到北京务工，小明在老家由爷爷奶奶照顾。因学业成绩不良，他初中就辍学了，来到北京后一直无所事事，每日与几个同乡的孩子玩耍，这次贩毒就是受到了其中一个孩子的教唆。

社会调查员在上述案例调查中，首先需要关注导致小明实施犯罪的风险性因素。在个体风险因素方面，小明的个体认知存在偏差，他不知道贩卖毒品这一行为的危害性以及法律的规定；在历史风险因素方面，小明在初中时因学习困难而辍学，而他所生活的环境又缺少其他长辈的教导，导致他并没有形成对毒品的正确认知；在社会风险因素方面，小明的父母在他到北京后未能给他提供一个健康成长和学习的环境，相反他还交到了一些不良同伴，一些从事犯罪活动的同伴经常来找他玩，并教唆他去贩毒。

同时，社会调查员也在调查中发现了小明所拥有的保护性因素。在内部保护因素方面，小明性格开朗，愿意对社会调查员敞开心扉表达自己的观点，也愿意积极跟随社会调查员的指引展开学习与反思；在外部保护性因素方面，小明和父母间的关系较好，彼此依恋。

综合以上信息，社会调查员一方面通过对小明犯罪风险因素的考察，细致梳理出小明的成长经历及犯罪原因；另一方面通过对小明所拥有的保护性因素的考察，找到了帮助小明改变的动力。

于是，社会调查员积极帮助小明调整偏差认知，并利用良好的亲子关系帮助小明积极反思与悔过。社会调查员的参与成为小明身边的又一保护性因素，真正实现了社会调查与帮教工作融为一体，既帮助司法机关针对小明的情况进行全面的调查，同时又对小明的健康成长起到了重要的推动作用。

以上是一个非常简单的案例，其实在涉罪未成年人社会调查实务中，社会调查员经常会遇到很多复杂的案例，但如果利用以上框架梳理思路，就不会遗漏重要信息，从而真实呈现涉罪未成年人的生活处境并明确其犯罪原因。关于对社会调查相关内容的理解与把握，笔者已经在相关研究成果中做过详细分析，在此就不再一一赘述。需要说明的是，以上两大因素中所涉及的社会调查内容，需要社会调查员在实务中不断丰富和完善，从而进一步提升我国社会调查工作的专业化水平。

参考文献

[1] 路琦，席小华.未成年人刑事案件社会调查理论与实践[M].北京：中国人民公安大学出版社，2012.

[2] 马尔科姆·派恩.现代社会工作理论[M].3版.冯亚丽，叶鹏飞，译.北京：中国人民大学出版社，2008.

[3] GREENE R R，EPHROSS P H. Human behavior theory and social work practice[M].New York：Aldine de Gruyter，1991.

[4] 桑标.儿童发展心理学[M].北京：高等教育出版社，2009.

[5] 吴宗宪.西方犯罪学[M].2版.北京：法律出版社，2006.

[6] SUTHERLAND E H. Interpersonal relatedness self-definition and their motivational orientation during adolescence：a theoretical and empirical integetation[J]. Developmental Psychology，2003，39(3)：470－483.

[7] ANGENENT H. Background factors of juvenile delinquency[M]. New York：

Haworth Press, 1988.

[8] 王海英.犯罪未成年人心理健康的家庭生态系统研究[M].长春：东北师范大学出版社,2010.

[9] BROOKS R B. Children at risk: fostering resiliency and hope[J]. American Journal of Orthopsychiatry, 1994, 64(4): 545-553.

[10] BENARD B. Resilience research: a foundation for youth development[J]. New Designs for Youth Development, 1996, 12(3): 4-10.

社会工作参与基层社会治理的机制创新及其实践逻辑

——基于东莞市横镇的经验研究①

成洪波　徐选国　徐永祥

一、问题提出

改革开放以来，广东东莞由一个鱼米之乡发展为国际瞩目的制造名城。自20世纪80年代起，中国社会开始有了“第一代农民工”，在东莞，存在着下列景象：他们工作的工厂几乎都实行封闭式管理，厂里24小时流水作业，工人上班、加班、吃饭、睡觉都是在工厂里。难得放假时，他们的消费能力也不高，唯一选择是在附近的电器铺蹲着看电视节目……这是东莞“第一代农民工”的生活写照。[1]20世纪八九十年代，东莞横镇只有1万多人，人口随着农民工的不断涌入而增多，目前户籍人口有3.8万人，外来人口有20.7万

---

① 本文曾发表于《福建论坛（人文社会科学版）》2018年第7期，此次收录略有修改。因涉及社会学的研究伦理，本文中的“横镇”均非真实的名称。

人，呈现严重的人口“倒挂”现象。当时，有的当地人对外来农民工表现出明显的排斥和歧视。在东莞经济飞速发展的过程中，大量农民工来到东莞，其子女的教育、福利资源在这个时期基本上属于空白，社会福利基本上还只是打工者的“乌托邦式产品”。正是深切体察农民工及其子女的困境，香港社会工作者徐祥龄夫妇早就有了想法，希望成立专门的农民工帮扶中心，为农民工及其子女提供类似于香港社会工作者所做的社会服务。经过几年的艰难探索，2004 年他们得到有关方面的批准，注册成立了东莞市横镇隔坑社区服务中心，最早开启了专业社会工作介入横镇乃至东莞市农民工及其子女社会融入、社会适应以及社会关系网络建设等方面的实践之旅。基于此，我们将 2004 年视为横镇社会工作发展的开端。

随着党和政府执政理念的转变，社会建设逐渐成为整个社会发展的重要维度，被提升到与经济建设同等重要的位置。在广东省社会建设“1+7”系列文件精神的指导下，东莞市及其下辖的各镇在推动经济发展的同时，不断加强对社会建设的关注和投入。自2009 年以来，东莞市积极引入社会工作参与社区建设，横镇在前期探索和实践的基础上继续向前推进。2011 年，在全市统筹推进社区综合服务中心试点建设制度的驱动下，横镇选取了恒泉社区作为试点，通过政府购买服务的项目化机制，引入专业社会工作服务机构（东莞市乐民社区服务发展促进中心），为社区内各类人群提供多元化社会服务。近两年，横镇进一步在山夏村建立了社区综合服务中心，并通过岗位购买向瑞康花园（样板小区）派驻了专业社会工作者。至此，横镇社会工作从原先聚焦于农民工群体向更大范围的群体扩展，从关注农民工及其子女的社会融入向关注各类人群的多样化需求转变，从单一的社会服务提供主体向更多的社会服务力量合力转化，从岗位购买模式向项目购买模式转变，逐渐走上一条成熟化、专业化、本土化发展道路。

随着横镇经济社会的发展，社会工作如何有效嵌入其地方治理体系之中，并积极参与基层治理与社会建设进程之中？这是本文关注的核心问题。

二、横镇社会工作的发展脉络及其特征

结合东莞市推动社会工作发展的政策脉络，以及横镇有关社会工作的实践进程，本文将横镇社会工作发展划分为以下几个阶段，并尝试勾勒出其基本特征。

（一）酝酿—探索阶段（2004—2008年）：非制度化背景下的草根实践

2004年年底，横镇隔坑社区服务中心注册成立，成为全市首家为“新莞人”（居住半年以上的外来务工人员）及本地居民提供服务的非营利性社会服务机构。隔坑社区服务中心通过开展外展服务、“新莞人”子女助学、“历奇”训练、学校社会工作、和谐小区计划等活动，为外来务工人员及其家属提供帮扶和支持，提升他们的素质、开展文明教育，协助他们更好地融入当地社会。在制度缺位的前提下，隔坑社区服务中心一直在实践中进行探索，通过实际行动改变弱势群体的生存环境。几年时间里，隔坑社区服务中心取得了一系列社区服务经验，拥有3 000多名会员及500多名中心义工，累计服务人数超过20万人，助学人数1 300余人[2]。在市、镇两级党委和政府的指导与支持下，隔坑社区服务中心的服务范围

和服务人群不断扩大，为横镇社会工作发展奠定了重要的实践基础。

（二）试点—发展阶段（2009—2011年）：岗位购买与社区综合服务中心试水

2009年，东莞市开始探索开展社会工作，确定了横镇、莞城等7个镇为全市首批社会工作试点镇。同年9月，隔坑社区服务中心也被确定为东莞市社会工作服务首批试点社会工作机构之一。横镇向隔坑社区服务中心购买了10个工作岗位，覆盖民政、计生、妇联、文教4个领域，为社会工作机构开展专业服务提供了坚实的基础。

2011年，东莞在全市范围内推开社区综合服务中心试点建设，横镇以恒泉社区为平台进行试点工作。由于开始阶段缺少专业社会工作者，派驻恒泉社区的团队并非专业意义上的社会工作者（通过国家社会工作者职业水平考试并获得证书的人），后来才逐渐通过考试，成为具有专业资质的社会工作者。以恒泉社区服务中心项目运行为例，其专业服务实践呈现阶段性和递进性特征。

第一阶段主要是对社区实际需求的了解与评估。由于团队本身的专业性不显著，在评估社区需求、诊断社区问题方面还不具有针对性和有效性，因而其在适应和满足恒泉社区需求方面并不是十分顺利。在市级政府的政策指导下，第三方评估机构对恒泉社区服务中心的运营标准、团队资质、专业能力、服务有效性等方面提出了系统的要求，这对服务团队的专业能力提升具有积极的引导作用。

第二阶段注重团队成员专业能力的提升以及对本土性元素的挖掘。在第一阶段服务现实成效不显著以及评估要求倒逼的双重压力之下,恒泉社区服务中心团队进行了专业反思和策略行动。一方面,在团队成员专业资质和专业能力建设方面加大力度,通过要求团队成员参加社会工作者职业水平考试等方式,提升团队的专业服务水平。另一方面,对前一阶段的摸索进行反思,形成一些符合恒泉社区实际的服务方式。例如,恒泉社区作为城市社区,不像农村社区那样具有集体经济收入。因此,在恒泉社区没有经济收入作为项目资源补充的前提下,社会工作者团队通过链接万好食品、麦当劳、农商银行等社会资源,较好地为恒泉社区社会服务拓展了相关资源。

第三阶段注重在原有项目基础上再生出专项项目,形成项目群服务实践模式。恒泉社区服务中心原先的服务模式是将既定的资源投放到整个社区,这样虽然每个群体都有所涉及,但是服务质量和效果不明显。于是,团队成员对服务实施策略进行了调整,将原先的一个综合性项目拆解成几个专项项目,专门针对贫困人群、孤寡老人等。例如,"乐善小站"项目、"小城大爱"项目等就是通过项目群的方式对各个群体进行专门化服务的新实践和新探索。

(三) 稳定—深化阶段(2012 年至今):制度推动下的项目化运作实践

在前期探索和试点的基础上,为推动社会工作深入开展并有效参与社会治理创新,横镇成立了社会工作领导小组,制订"横镇社工试点工作实施方案",不断完善社会工作发展的制度保障。自 2011 年至 2015 年,横镇每年向相关社会工作服务机构购买 20 个服务岗位,服务覆盖民政、残联、司法、妇联、团委、计生、学校七大领域。从 2016 年开始,横镇开始推动社会工作购买服务改革,由原来的购买社会工作者岗位转为购买社会工作项目，将社会事务办、卫计、妇联、团委、司法、文教、“新莞人”服务中心的岗位转为购买社会工作项目。目前，横镇购买的社会工作项目达10余个，如社会救助“8+1”项目、企业员工帮扶计划项目、幸福家园计划项目、志愿者服务项目、居家养老项目、残疾人康复就业服务中心项目、山厦社区综合服务中心项目及恒泉社区综合服务中心项目等。

这表明，在社会工作发展过程中，由于岗位购买模式逐渐暴露出一些弊端，横镇在自我反思与向外借鉴的双重行动基础上，推行了由岗位购买向项目购买的服务模式转变。通过政府向社会力量购买服务已成为上海、深圳、广州乃至全国范围内社会工作参与社会治理所普遍采用的方式。在进一步深化发展阶段，横镇坚持了“项目为主、岗位为辅”的实践模式。横镇还引入华东理工大学、东莞理工学院等高校资源，以及东莞市现代社会组织评估中心等支持型社会组织，以协助培育一批专业社会服务组织和社会服务人才，并着力打造能够推动横镇社会发展的社会治理协同创新中心。

三、政社分开与合作：横镇社会工作的生成机制及其发展逻辑

纵观横镇社会工作发展脉络，我们可以将其生成机制及其发展逻辑概括为政社分开与合作机制引领下的一系列创新探索。所谓政社分开与合作，是指在原有以政府为主导的管理体制基础上，通过引入社会力量，促成不同主体之间的对话、分工与协作，本质上体现了一种合作治理的思想。[2]结合横镇的实际，本文做出如下阐释。

（一）自下而上的草根式探索，更加体现社会工作的社会性本质

可以说，横镇的社会工作发展并不同于当前社会工作发展的主流模式，即在政府职能转移和制度化背景下形成的自上而下发展模式。相反，横镇社会工作发展之初，由于缺乏充分的制度化依据、政府支持以及相应的合法性基础，其早期实践形成一种自下而上的草根式发展模式。所谓草根式发展模式，是指社会工作发展并不以当地政府部门的资源为主要支撑，而是采取一种社会化资源整合方式实现发展的模式。横镇隔坑社区服务中心的诞生就是一种草根式发展模式，它因社会需求而生，它的生存与发展资源同样来自社会。隔坑社区服务中心这种草根式探索，更能体现社会工作的社会性本质。其具体体现在如下方面：一是社会工作作为回应社会需求的现代性产物，具有“以社会为本”的使命；二是社会工作自下而上的实践模式，更加体现其对于社会弱势群体的关怀；三是社会工作对于社会资源的整合，凸显其发展过程的非依附性特征。在目前全国社会工作发展普遍面临的依附性困境背景下，横镇早期社会工作发展模式仍然值得进一步深化和推广。

（二）注重吸纳在地资源，更加凸显社会工作的本土性特征

虽然“以专业为本”成为全球社会工作发展之初的核心特质，这一特质也正是评价社会工作是否是一门专业、科学的主要标准。但是，随着社会工作学科地位的确立以及科学性的彰显，专业性已经成为社会工作的重要属性。与此同时，社会工作的本土性特征也很重要。社会工作在从西方发达国家向发展中国家移植，或者在一个国家不同地区、不同人群之间扩展时，必须更加重视本土性问题。横镇在发展社会工作的过程中，非常关注社会工作的本土

性问题，通过坚持“三个有利于”原则，即有利于拉近与服务对象的情感距离、有利于统筹解决本地毕业生的就业问题、有利于推动社会工作的持久与深入开展，积极探索社会工作本土化实践模式。

横镇社会工作发展的本土性特征主要体现在，它鼓励专业社会工作与本地社会工作相结合。这种结合其实是一种基于基层政府对社会工作的吸纳、互构以及增能的多重逻辑。[3] 由于一开始缺少专业的社会工作者，横镇并不能按照市里的要求实现以专业队伍为主的服务实践。在这种限制下，横镇采取了如下策略：一是利用隔坑社区服务中心良好的志愿者基础，构建起社会工作者、志愿者联动发展的机制，引导本土优秀志愿者向社会工作者转变；二是积极动员符合条件的人员参加社会工作者职业水平考试，进而培养一批具有专业知识的本土社会工作者人才。虽然这些本地人员并没有社会工作专业背景，但是他们有较大的优势，如易于进场、熟悉本土文化、易于获得服务对象乃至自身所需的社会支持网络体系。同时，与外来社会工作者相比，本土社会工作者的流动性较小，易于增强社会工作人才队伍的稳定性。

（三）从岗位制向项目化转变，更加彰显社会工作的协同性功能

党的十八届三中全会提出了创新社会治理体制的新观点、新要求、新部署，标志着从管理向治理的转变成为新的历史时期中国社会发展的主要方向。党的十九大进一步强调，要完善党委领导、政府负责、社会协同、公众参与、法治保障的社会治理体制。在横镇社会工作发展过程中，较明显地体现了上述理念的转变。

一方面，政府向社会工作机构购买社会工作岗位并安置到政府相关部门之中（此为“岗位购买”），社会工作者从原先具有团队

性的机构进入具有严格科层制特征的政府部门,不仅需要孤立地(缺乏团队作战的条件)从事其面对的工作,而且其所做事务多为政府部门的杂事、琐事和边缘化事务,与社会工作专业本身的服务领域和要求存在不符之处。在此过程中,原先的社会工作机构和社会工作者并不能发挥有效的支持作用,易于造成岗位社会工作者的情感缺乏和支持网络缺失,进而导致职业倦怠乃至流失等问题。此外,社会工作者在政府部门从事相关工作,极容易出现服务行政化现象。在这个过程中,社会工作机构并未有效地为社会工作者队伍提供组织保障、文化情感支持以及知识再教育等;同时,社会工作机构作为社会力量的重要构成,也并未有效发挥社会治理的协同功能,更像是为政府部门输出人力的"中介"劳务派遣机构,仅仅发挥中介作用。上述诸多困境推动了横镇社会工作发展模式的嬗变。

另一方面,横镇逐渐调整政府购买社会工作服务策略,将原先的岗位购买固定下来,不断加大项目购买的力度和比例。项目购买可以弥补岗位购买存在的不足。例如,社会工作者可通过团队化方式开展服务,相互支持、互助特征明显;社会工作机构发挥着重要的组织化平台和情感文化支撑功能,为社会工作者提供重要的支持网络。同时,社会工作在项目化运作中,更加具有自主性和主体性,比岗位社会工作更能发挥专业性和社会性功能。另外,项目化运作的社会工作比岗位社会工作更能激发社会工作者的积极性、主动性,从而探索更多有效的本土化服务实践和服务内容。项目化运作让我们更多地看到政府与社会组织之间的合作伙伴关系,这种合作伙伴关系形塑了社会工作在社会治理实践中的协同性功能。

四、横镇社会工作参与社会治理的实践效应

横镇社会工作诞生之初,是为了回应早期工业化发展对人(进城农民工及其子女)的需求的忽视,因此,它在很大程度上体现出一种内生性、社会性特征。经过几年对农民工及其子女社会融入的推动,横镇社会工作的关注对象逐渐扩展至整个社会人群,包括本土人群与外来人群之间的关系调和与社区融入。可以说,横镇社会工作的整个发展历程,深刻地嵌入了该镇社会治理脉络之中。正是在遵循和尊重社会发展、社区需求以及本地文化网络等实际要素的前提下,横镇社会工作在其社会治理过程中获得越来越多的生存发展要件,并在社会治理创新过程中日益凸显其协同性功能。其成效主要体现在如下方面。

(一)社会工作坚持服务为本,秉持一种"服务型治理"理念

社会工作本质上是一门助人自助的专业,因此"助"与"自助"成为其专业本质元素。在现代社会发展过程中,社会工作的本质使命就是为社会上有需要的人们提供各类服务,以实现其社会功能,建构其社会关系网络。在上述意义上来说,社会工作在参与地方社会治理时,主要是以社会服务为抓手进行的,因而社会工作参与的治理就成为一种服务型治理。[4]这种服务型治理体现在两个方面:一是对社会领域(事务)的治理,二是由社会(主体)参与进行的治理。横镇社会工作从一开始就是对社会事务的关注和介入,如管理森严的企业工厂缺乏对职工及其子女的人性化关怀,早期本地人对外来人员的歧视和排斥现象,社会工作正是对

此类需求进行了回应，力图在为弱势群体提供服务和关怀的基础上促进社会融合。同时，社会工作主体积极动员和吸纳社区内的相关主体参与服务型治理，包括培育志愿者队伍，进一步调动更多的社区居民参与、推动社会建设。因此，服务型治理理念是社会工作参与社会治理的重要前提，在横镇社会工作实践过程中已初现成效。

（二）社会工作遵循地方实际，形成一种“嵌入性治理”机制

在当前世界范围内的社会工作发展过程中，社会工作的本土性、地方性成为不同国家和地区争相探究的问题。那么，社会工作何以能够实现其本土性、地方性属性呢？我们认为，其最根本的立足点就是嵌入地方社会、文化和历史脉络。[5]社会工作在尊重地方实际的基础上参与治理，可形成一种“嵌入性治理”机制。[6]“嵌入性治理”包含两层含义：一方面，社会工作在参与地方社会治理过程中，会受到原有社区服务体制的反向作用，两者在共同提供社会服务的过程中形成一种双向的互构性关系；另一方面，社会工作与原有社区服务主体在更深层次上要遵循社区、社会脉络，即“嵌入社会”的治理机制，这就形成了从“单向嵌入”“双向嵌入”到“双重嵌入”的机制转变。横镇社会工作发展之初体现为对地方社会、文化脉络的遵循，是一种“嵌入式发展”逻辑[7]，在政府购买社会工作服务制度和实践不断推广的前提下，社会工作成为政府推动基层治理的重要抓手[8]，并不断被“吸纳”到地方治理体系和治理能力现代化建设议程之中。如何实现“嵌入”“吸纳”双重作用力的平衡，即如何实现社会工作的专业性、自主性，以更好地达成基层治理中的政社互动与团结关系，应成为横镇社会工作下一步发展的

突破点。

（三）社会工作整合各方资源，探索一种"整合性治理"路径

社会工作自身就是一门极具整合性特征的学科。这种整合性体现在以下方面：一是在学科发展方面对其他相近学科的整合，包括对社会学、心理学、管理学等学科理论知识体系的整合，社会工作早期发展的诸多理论派别都可以从上述学科中找到影子；二是社会工作通过对社区现状、需求的评估，可以有效链接和整合资源，包括对本土现存资源的挖掘和对外界不同主体资源的整合。正是在这个意义上，社会工作参与社会治理体现出一种"整合性治理"路径。

在横镇社会工作发展过程中，"整合性治理"路径主要体现在以下方面：一是社会工作发展早期，尽管缺乏本地政府资金、政策、场地等一系列资源的支持，但这并没有限制社会工作服务社区居民的步伐，社会工作者通过链接正式和非正式的资源，有效地帮助社会工作服务向前推进。二是即使在政府购买服务试点或后续的常态化阶段，政府购买服务资源仍然是有限度的。例如，既定的项目经费所购买的社会工作服务不足以有效应对广大社区居民的需求。此时，通过充分挖掘和调动本土社区志愿者队伍参与到社区服务中来，就成为整合社区内在资源、凝聚社区志愿服务力量的重要手段。当然，"整合性治理"还需要体现社会工作对于各个职能部门资源、权力、利益的调和，但是在这一方面，横镇社会工作基本上未能涉足。

实质上，"整合性治理"就是致力于探究一种基层社会治理共同体的行动逻辑。[9]前几年成立的横镇社会工作委员会原本是

要发挥这种“整合性治理”功能的，但因为制度设计之初并未清楚其职能定位以及与相关部门（如民政部门等）的职能边界，所以在社会工作发展过程中出现两个部门相关职能重叠，抑或出现冲突等现象。东莞市层面将社会工作委员会机构职能合并到政法委，就足以体现社会工作委员会的“整合性治理”功能未得到有效凸显。

（四）社会工作重构社会秩序，追寻一种“社会性”目标

作为现代化发展的必然产物，社会工作从诞生之初就承担着社会秩序重构的使命。其原因在于，随着以工业化、城市化为主的现代化进程的推进，一部分人通过技术、资本、知识和管理等要素实现了向上流动，而另一部分人始终处于劳动阶层，出现了贫困的代际传递或贫困再生产。在此过程中，技术进步、产业升级等要素导致社会结构急剧转型，弱势群体大量产生，原先稳定的社会秩序存在诸多潜在威胁。在这一背景下，社会工作应运而生。无论是世界范围内的社会工作发展，还是横镇社会工作的诞生，它们之间都存在着共通性特征。横镇社会工作的早期发展就是横镇社会发展的产物。在横镇由原先农业型社会向工业型社会转变的过程中，大量外来人口集聚而来，相应的社会保障体系未能及时建立，且原先的人际互助关系网络因为陌生化情景而得不到保障，人们处于极其脆弱的生存环境之中。正是在这种背景下，社会工作通过微观服务介入、中观政策倡导等途径，力图在宏观上实现社会结构的优化以及社会秩序的恢复重建。横镇社会工作的发展历史，充分地体现出社会工作对于社会秩序重构的诉求，也体现出社会工作在参与社会治理过程中对于社会性本质的追寻。[10]

五、横镇社会工作的经验反思及优化策略

尽管横镇社会工作发展已初见成效,并在社会治理创新过程中发挥着不可替代的作用,但是认真思考我们会发现,横镇社会工作在发展过程中仍然存在一些不可忽视的困境。客观呈现这些困境并寻求可能的优化路径,是助推横镇社会工作发展壮大,并有效协同社会治理创新的必然选择。

(一)横镇社会工作发展的经验反思

1. 政府购买社会工作服务的合法性机制亟待建立

目前,横镇通过政府购买服务方式引入社会工作参与社会治理,连续几年来累计投入财政经费数百万元购买社会工作岗位和社会工作服务项目,可以说,通过转移政府职能并交由社会力量协同参与,已成为横镇社会建设、社会治理创新的重要探索。然而,在具体实践过程中仍面临着一些明显的困境。例如,每年配备30名社会工作者开展服务是否能够较好地回应镇域范围内社会弱势群体的需求?按照国际或我国发达地区社会工作的发展经验,每1 000人需要配备两三名专业社会工作者。与这个数字相比,横镇社会建设对社会工作人才的需求量仍然很大。同时,政府资源投入与实际服务效果之间如何匹配?换言之,如何考量政府购买服务的成效?目前所采用的评估监管方式尚不能实现对资源投入效果的有效测评,导致政府对于购买社会工作服务的动力减弱。另外,较显著的矛盾在于,横镇政府虽有资源投入社会建设和民生领域,但缺少有能力的社会组织来承接这些职能,导致政社分工与协作之间缺乏必要的组织保障。

在笔者看来，上述问题存在的深层原因在于，横镇推行政府购买社会工作服务的合法性机制尚未建立起来。一方面，在数十年的社会发展过程中，以经济建设为中心的逻辑占据支配地位，社会建设居于边缘和从属地位，由社会力量或政府购买社会工作服务来开展社会服务的传统长期缺失，导致政府购买社会工作服务的社会合法性缺失。另一方面，横镇政府购买社会工作服务是在党的十八届三中全会提出“创新社会治理体制”大背景下推动起来的，具有较强的自上而下的政策驱动性，而结合横镇实际的政府购买社会工作服务体系依然不健全，尤其是缺乏稳定的政府购买社会工作服务专项财政支撑，导致横镇购买社会工作服务缺乏行政、法律合法性。正是由于缺乏社会合法性和行政、法律合法性，社会工作在参与横镇社会建设、社会治理过程中存在社会认知度、认可度不高，政府对于社会组织的信任程度、支持程度都有所保留等问题。因此，如何建立政府购买社会工作服务的合法性机制，应成为横镇社会工作发展的重要内容。

2. 政社关系失衡背景下的社会工作“内卷化”发展

许多学者倾向于用“强政府、弱社会”来形容当前国家与社会的关系，这种论点容易给社会力量造成一种“自我弱势化”效应。实际上，地方政府与社会力量越是在基层社会，越具有共生性，而不是互斥性。这是因为，地方政府与社会力量在促进基层治理创新和基层社会发展方面具有目标一致性和利益契合性。正是在这个意义上，地方政府与基层社会力量之间呈现一种“粘连”状态。[11]所以，从本质上讲，地方政府与社会力量(社会组织)之间应形成一种互惠合作的关系，即形成一种政社分工与合作的关系。从宏观上讲，横镇在社会建设中内在地遵循着上述逻辑，但在实践中存在着偏离现象。这种偏离主要就是政社关系的失衡，即政府试图通过支持社会组织，形成基层社会的合作治理格局，但是，社会组织自身力量较小、专业性优势不明显，导致政府资源释放与社会组织职能承接之间出现偏差，难以形成一种平等的"授权"与"赋能"关系。正是在这种失衡关系格局下，社会工作未能得到有效的发展，包括专业性元素体现得不够充分、本土性元素发挥得不够明显、社会性元素探索得不够深入等。这导致社会工作在政府购买社会工作服务实践中出现"内卷化"现象，即并未按照预期的样子去发展并发挥应有的功能。

3. 理性化时代背景下社会工作的道德属性日益式微

社会工作是一门价值为本的专业。价值为本是指其对服务对象作为人的权利、价值、尊严的尊重与关怀。社会工作的主要目标就是通过各种资源和服务方式的运用，为弱势群体争取权利，维护其利益，促进其社会功能的恢复等。从这个意义上来说，社会工作具有强烈的道德属性。然而，随着以经济理性为核心的工业化、市场化社会的到来，强调社会理性的社会工作似乎受到极大的冲击，其对人的价值、尊严的关心逐渐被功利主义思想所侵蚀。横镇社会工作发展于其现代化、工业化和市场化加速推进时期，在"陌生化社会"中，如何重拾社会工作的价值属性、如何重构社会工作的道德属性，是横镇社会工作发展的重大挑战。同时，在目前社会治理主流语境中，中国特色社会工作是应坚持"价值本位""道德本位"，还是应该协同国家治理体系和治理能力现代化？这应成为横镇社会工作发展的重大命题。

（二）横镇社会工作发展的优化路径

基于横镇当前社会工作发展面临的困境，笔者认为，在未来的实践中,横镇可以从以下方面对其发展路径加以创新和优化。

1. 明确社会工作在基层治理中的定位,重构政府购买服务的合法性基础

基层治理内在地要求政府、社会组织和社会大众之间形成合作与团结关系,这种合作与团结关系又内在地规定了基层治理的"社会化"逻辑。因此,基层治理体现了地方政府与基层社会之间良好的互动与团结关系。认识到这一点,是当前推动基层治理体系和治理能力现代化的根本前提。那么,社会工作对于基层治理而言意味着什么呢?由于基层治理内在地具有社会性属性,与社会工作本身所具有的社会性具有内在关联性。正是从这个意义上来说,社会工作是实现基层治理的重要抓手。通过政府购买社会工作服务(获得资源)、向社会各类群体提供社会服务(服务供给与传递),并争取各类社会力量参与到社区治理之中(整合性功能),以实现基层治理朝着社会化方向演化,是社会工作参与基层治理的重要逻辑。在当前政府主导推动的社会治理实践中,要想充分发挥社会工作的重要作用,就需要在政府购买社会工作服务制度和实践方面重构其合法性。一方面,通过向社会传递、传播社会工作的理念、方法和实践案例,提高社会对于社会工作的认知度和认可度,进而重塑社会工作的社会合法性;另一方面,通过制度建立与完善,建立政府购买社会工作服务的制度化财政体系,打造政府体系内政府购买社会工作服务的制度化机制,以重塑社会工作的行政、法律合法性。唯有在社会合法性、行政合法性和法律合法性三个方面同步推进,才能真正发挥社会工作在基层治理中的抓手作用,也才能从根本上保证政府购买社会工作服务的有效性。

2. 厘清基层治理中的政社关系格局,增强社会工作的自主性、主体性

前文已经强调,在基层治理实践中,政府与社会力量之间呈现一种分工与合作关系,其本质上是一种团结关系,而不是冲突、互斥关系。因为政社双方共同参与基层治理,双方同时面临着"为己"和"为他"两个目标。但是,在面对基层治理要实现的目标时,政社双方的"为己"目标始终应处于从属地位,双方要共同致力于"为他"目标的实现。这里的"为他"就是政社双方共同实现基层治理社会化的目标体系。因此,强调国家与社会在基层治理中的分工与合作关系,对于厘清地方政府与社会力量之间的关系格局至关重要。在此前提下,我们可以更好地理解地方政府与社会工作的关系。不同于许多地方政府购买社会工作服务中存在的外部服务行政化、内部治理官僚化、专业建制化等问题[12],在政社分工与合作关系机制下,社会工作能够获得更大的自主性和主体性,进而能更好地体现其专业性、服务性和整合性优势,避免出现"内卷化"现象。社会工作与地方政府之间不是一种"此消彼长"的二元对立关系,而是一种基于共同目标、遵循共同逻辑(如前文所述的"嵌入性治理"机制)基础上的互动关系。在此背景下,地方政府与社会工作之间能够形成"双赢"格局。

3. 迈向社区公共性,重构理性化时代社会工作的本质属性

社会工作在百年发展中到底有没有一种贯穿始终的本质属性? 回顾以往有关社会工作本质探讨的几种核心范式可以发现:结构功能主义强调社会工作具有福利性、助人性、利他性、专业性和技术性,凸显了社会工作对于回应社会发展变迁所具有的共通性、结构性功能;建构主义强调社会工作具有道德性、政治性、情境

性和本土性属性，彰显了社会工作对于不同社会事实和社会事件的建构性特征，强调了社会工作的特殊性、地方性意涵。然而，上述两大范式在应对中国社会碎片化、原子化、公共性衰落以及理性化凸显等特征时尚存解释性限度。在此基础上，本文提出了"以社区为本位"的社会工作范式，作为探寻中国社会工作本质的替代性路径。这种范式强调社会工作的功能在于激发社区意识、促进社区居民参与公共事务、增强社区居民的社区认同感与社区归属感，并在个体化时代背景下重构个人与社区的公共性联结。[13]横镇社会工作的未来发展应该坚持在专业性、本土性基础上追寻社区公共性，以重构碎片化时代下公共精神和社会生活共同体。

六、结语：迈向"政社团结"机制下的社会治理创新

中国改革开放以来，尽管自中央到地方进行了大力探索和政策实践，但是，反观实践我们不难发现，社会建设的实践成效仍然不明显。笔者认为，社会建设和社会治理存在诸多限制的根本原因在于国家与社会的关系或地方政府与基层社会之间的关系不清晰。由于长期受到"公民社会"、法团主义等西方社会语境下的国家—社会关系范式的影响，中国社会发展过程中出现的国家—社会二元化常态关系逻辑，极大地限制着社会建设的深入开展以及社会治理的真正创新。如何破解我国长期以来存在的深层困境？笔者认为，需要从宏观层面回答国家与社会的关系问题，即国家与社会究竟是二元对立还是二重互构关系？近几十年的社会建设实践已深受国家—社会二元对立关系之害。我们认为，国家与社会（无论是整个国家层面，还是地方层面）之间是一种合作与团结的

关系,因为国家与社会力量在最深层的意义上共同嵌入整合社会的文化脉络和语境之中,也就是说,地方政府与社会力量的行动逻辑要遵循和尊重社会发展规律。以政社分工与合作为创新视角,可能成为横镇未来社会建设与基层治理创新的根本机制。而要做到政社分工与合作还需要社会力量不断成长与成熟,只有社会活力不断被激发,才能够形成一种新型的、均衡的社会治理结构。在此议题下,加强社会组织培育、加快社会工作人才队伍建设、提升社会力量参与社会治理的能力等,显得极为紧迫和必要。可喜的是,近几年来,横镇党委、政府不断加大对社会力量培育的力度,通过引入高校专业智库和第三方评估机构等支持型力量,共同打造致力于深化横镇社会建设与社会治理成效的社会治理协同创新中心。我们也期待此类社会实验能够重构基层社会秩序,持续推进基层治理体系和治理能力现代化进程,以从总体上服务于国家治理体系和治理能力现代化目标的实现。

参考文献

[1]　谭翠莲.谁牵动我们的心[M].广州:广东人民出版社,2011.

[2]　徐永祥.政社分工与合作:社区建设体制改革与创新研究[J].东南学术,2006(6):51-57.

[3]　成洪波.导入、互构、增能:社会工作与高校学生工作的一种互动逻辑[J].社会工作,2015(3):67-74.

[4]　王思斌.社会工作参与社会治理的特点及其贡献:对服务型治理的再理解[J].社会治理,2015(1):49-57.

[5]　卡尔·波兰尼.我们时代的政治与经济起源[M].冯钢,刘阳,译.杭州:浙江人民出版社,2007.

[6]　徐选国.走向双重嵌入:城市社区治理中政社互动的机制演变:基于对深圳市H社区的经验研究[J].社会发展研究,2016(1):163-180.

[7] 王思斌.中国社会工作的嵌入性发展[J].社会科学战线,2011(2):206-222.
[8] 徐永祥.社会工作是现代社会管理与公共服务的重要手段[J].河北学刊,2007(3):67-69.
[9] 杨君,徐永祥,徐选国.社区治理共同体的建设何以可能:迈向经验解释的城市社区治理模式[J].福建论坛(人文社会科学版),2014(10):176-182.
[10] 徐选国.中国社会工作发展的社会性转向[J].社会工作,2017(3):9-28.
[11] 桂勇.邻里政治:城市基层的权力操作策略与国家—社会的粘连模式[J].社会,2007(6):102-126.
[12] 朱健刚,陈安娜.嵌入中的专业社会工作与街区权力关系:对一个政府购买服务项目的个案分析[J].社会学研究,2013,28(1):43-64.
[13] 徐选国.从专业性、本土性迈向社区公共性:理解社会工作本质的新线索[J].社会科学战线,2016(8):184-193.

下编 社会工作学科建设

本编所收文章均为徐永祥教授在社会工作学科建设层面的思考,共有4篇学术论文。其中,《社会职能分化下的社会工作及社工教育》是他早期对发展社会工作教育、推进社会工作学科建设提出的建议;《我国社会工作教育的历史轨迹与范式转向》是他在回顾我国社会工作教育史的基础上对我国社会工作教育未来走向的探讨;《我国社会工作学科建设的重要意义及重要议题》《理论自觉与实践建构:社会学、社会工作的学科使命》着重探讨了中国社会工作的学科属性、本土特质以及我国社会工作学科发展中存在的主要问题,这两篇文章能够呈现徐永祥教授社会工作学科建设思想的核心与精髓。

社会职能分化下的社会工作及社工教育[①]

徐永祥

自20世纪90年代以来，随着我国经济体制与社会管理体制改革的深化，政府、企业和一些事业单位的社会服务职能逐步被剥离并回归社会，社会层面的发育逐步加速，各种社会中介机构尤其是社区服务组织及社区自组织大量涌现，社会工作者的社会需求及社会工作教育迎来了大发展的新时代。

一、社会职能分化是社会工作事业发展的必要条件

我国自20世纪50年代中期以来，长期实行的是一套金字塔式的管理体制。这种体制的基本特征是经济、政治、社会、文化、教育等领域的管理运作具有计划性，各种经济、政治、社会、文化和教育组织的角色定位及功能实现方式具有鲜明的同构性和强烈的模糊性，社会成员都被打上了"单位人"的属性。在这种体制下，各级地

① 本文曾发表于《华东理工大学学报（社会科学版）》1999年第4期，此次收录略有修改。

方政府和企事业单位并无自治性可言,各种社会组织自身应有的特性及发育受到了强有力的抑制。“单位人”现象减弱了社会成员的社会意识和社区居民意识,社区和社会服务机构的内在价值与功能被低估甚至被忽略。同时,政府和企事业单位包揽了许多不该管或管不好的社会管理与社会服务事宜,因而它们既背上了沉重的经济成本、社会成本、道德成本和机会成本,又忽略了许多本应由政府关注指导与管理的社会事务。此外,由于社会层面的发育受到严重抑制,社会各个阶层对职业化的社会工作机构及社会工作者的需求必然是无所谓的,社会工作教育也就无从谈起。这些都说明,如果不改变政府和企事业单位及一些群众性团体社会职能、功能的同构化问题,就不可能有现代意义上的中国的社会工作和社会工作教育。

上述状况的根本性改观源于我国经济、政治和社会等领域内的改革,并随着改革的不断深入和扩展而呈现加速的趋势。20世纪80年代中期以前,我国的改革主要在经济领域内进行,强调政府与企业之间职能的合理分开,以及中央政府权力部分下放给地方政府。20世纪80年代中期以后,特别是20世纪90年代以来,随着市场经济的发展,政府及企事业单位包揽社会服务性事务的弊端日渐突出,迫使政府和企事业单位开始自觉或不自觉地将社会服务职能逐步剥离出来,使之逐步地回归社会、回归社区。在这种背景下,一大批社会中介服务机构逐步发育成长起来,开始承接政府和企事业单位剥离出来的那些社会职能。与此同时,各级政府将自身承担的部分社会服务、社会救助、社会帮困与社会管理职能下放给社区所产生的“漏斗效应”,以及社会成员由原来的“单位人”向“社会人”的转变,致使社区的内在价值逐步凸显出来且愈益受到社会各界的重视,社会成员的社区意识和社区参与精神也开始养成。无论是社会的弱势人群还是强势人群,他们对社区和社会服务机构的依赖均有不同程度的增强。与此相关的是,无论是政府、企事业单位还是其他各类社会组织,它们的社会角色都开始重新组合、重新定位,它们的职能(功能)也都开始走向分化、清晰化和多样化。

综上所述,与市场经济发展相对应的上述社会层面的发育和发展,实际上为我国社会工作事业的发展提供了必要的条件和广阔的空间。第一,社会层面的发育和发展,要求通过发展社会工作事业去承接从政府、企事业单位剥离出来的那些社会服务职能。第二,社会层面的发育和发展,要求通过发展社会工作事业去解决市场经济与社会发展、社会转型进程中衍生出来的一系列新的社会问题。由此观之,社会工作事业开始有了自己的专有领域,社会工作在服务社会、缓解与化解社会冲突、维护社会稳定等方面的功能日渐突出,社会工作事业在中国迎来了自己的春天。

二、社会职能的分化要求社会工作职业化和专业化

诚然,改革开放和社会各类组织职能的分化与多样化,为我国社会工作事业的崛起和拓展提供了现实的土壤。但我们也应看到,当前我国社会工作事业的发展也面临着许多历史的和新生成的问题。这些问题突出地表现为如下三个方面:(1)一些政府部门对某些社会工作事务的包办代替;(2)一些准政府的群众性政治团体以非社会工作的手段涉足社会工作事务;(3)绝大多数社会服务机构或中介组织虽已具备了社会工作机构的雏形,但在职

业化和专业化的道路上还存在着诸多不足之处。关于这些问题的具体表现，笔者在《试论我国社区社会工作的职业化与专业化》一文中已详细阐述，这里不再赘述。这三个方面的问题，实际上是我国社会转型初期和社会工作事业起步阶段的主要问题，其实质是社会工作职业化、专业化要求同旧的体制、观念和工作方法之间的矛盾，也反映出我国的社会工作事业还不能适应经济与社会发展的要求。解决这些问题的核心或根本途径就在于，顺应社会职能分化和多样化的历史必然，致力于社会工作的职业化和专业化。这里的“职业化”是从社会分工的意义上而言的，意指将社会工作从其他社会领域中独立出来，成为一门有别于其他领域、具有自身特色的职业领域。这里的“专业化”则是从应用科学的意义上而言的，意指社会工作职业具有特色的、科学的系统性专业知识和专业方法。

笔者认为，要实现社会工作的职业化和专业化，政府、社会工作者和学术界应携起手来，共同推动以下三个方面的工作。首先，要用改革的精神解决一些政府部门“以政代社”“政社不分”而包办社会工作事务的问题，进一步明确政府和社会服务机构各自在社会工作事务方面的职能与权限。其次，要积极引导与鼓励工会、妇联、共青团等群众性政治组织，掌握并运用专业化的社会工作知识与方法介入社会工作事务。最后，要在政府的指导下，依靠社会工作教育机构，有计划、有步骤地对在岗的各级社会工作人员及管理者进行系统的培训，努力提升他们的专业能力和专业水平。同时，各级政府和社会服务机构，要积极吸收社会工作专业的本科生和研究生投身于社会工作事业，以提高社会工作队伍的整体水平。

三、努力实现社会工作教育的科学化和系列化

在各种组织职能分化、多样化的历史进程中,加强社会工作学科建设,促进社会工作的职业化和专业化,无不依赖于社会工作者及其管理者的素质。因此,努力实现我国社会工作教育的科学化和系列化,乃应有之义。

20世纪80年代中期,我国有限制地在几所高校开设了社会工作专业。20世纪90年代中后期,随着这种有条件的限制政策变为积极鼓励高等院校开设和发展社会工作专业,新的社会工作专业呈现加速发展的态势。这是我国社会工作事业蓬勃发展的前兆,也是我国政府高瞻远瞩的体现,对社会工作教育者来说,无疑也是值得欣喜的事情。同时,我们也应该看到,加速发展的我国社会工作教育,在科学化和系列化方面还存在着许多不足。

毋庸置疑,社会工作系统的科学知识和方法是人类文明所获得的重要成果之一。要做好社会工作教育,我国必须主动借鉴西方国家的成果。事实上,我国高校的社会工作专业课程体系基本上都是从发达国家或地区的高校的课程体系中借鉴而来的。然而,真理总是具体的,理论必须联系实际,社会工作教育只有实现本土化,才能体现出其应用于、指导于实践的科学性和真理性。这就要求我们不能简单地照搬照抄,而应该重视对我国自己的社会发展和社会工作事业发展进行研究,并将所获得的研究成果充实到社会工作教育的课程和教材中去。

例如,随着我国居民住房的商品化和个人产权化,人们开始有了自己的不动产,自然愈益自觉地关注自己的财产和社区环境,

“市民社会”实际上开始发育起来，居民群众的自组织如居民委员会、房屋业主管理委员会也必然发育起来，并真正地走向民主化和自主化。在这个过程中，或者当这些自组织同政府或物业管理公司发生矛盾时，社会工作者就应帮助这些自组织实现自我管理、自我教育、自我服务，协调和解决它们与政府或物业公司的矛盾，科学、有效地维护居民群众的合法权益。同样是社区“社会行动”的概念，西方往往强调用社会冲突的激烈手段同政府相抗争以维护社区居民的权益，我国则着眼于使用保持社会稳定、减少社会冲突的协调解决办法。这个例子实际上说明，要实现我国社会工作教育的科学化，必须加强对本国情况的研究，所有的课程、教材均应积极地反映我国社区发展和社会工作事业发展的现实，尤其要反映和揭示这些发展进程中的一般方向性问题和潮流性问题。

此外，我们还应积极推动我国社会工作教育的系列化，以培养更多、更好的专业人才。这里讲的系列化，主要是指学历教育与非学历教育的系列化。笔者认为，当前以及在今后的几年中，除了抓好非学历教育的专业培训以外，我们还应继续积极地发展专科与本科教育，积极试点社会工作硕士生和社会工作博士生的培养工作。为了更好、更快地发展我国的社会工作教育，使我国社会工作真正有效地与国际接轨，促进我国社会工作事业的健康发展，我们应该形成非学历的培训、专科、本科、研究生多层次的和网络化的社会工作人才培养系列。

我国社会工作学科建设的重要意义及重要议题[①]

徐永祥

一、我国社会工作学科发展的背景、主要成绩和问题

社会工作是现代市场经济的必然产物，至今已经走过了100多年的历程。19世纪末，随着市场经济和工业化在西方国家的快速发展，专业社会工作应运而生。1917年，里士满的《社会诊断》一书出版，标志着作为一门科学和艺术（技术）的“社会工作学”正式建立。

与西方社会工作的发展相比较，我国社会工作的历史似乎也不短。早在20世纪20年代，分别位于北平（今天的北京）、南京、上海的燕京大学、金陵大学、沪江大学（皆具有教会背景）就开设了涉及社会工作的部分课程。但在20世纪50年代之前，我国整体上还是农业社会且一直处于战乱之中，市场经济和工业化的步履极其艰难，社会工作专业、学科及实务发展的必要条件和充分条件并

---

① 本文曾发表于《社会建设》2017年第4期，此次收录略有修改。

不具备，所以当时的社会工作只能被视为一种“教育先行”的试验，始终难以发展起来。新中国成立后不久直至20世纪80年代中期之前，我国(港、澳、台地区除外)实施了计划经济体制和单位化的社会体制，这客观上消灭或消解了社区、社会工作、社会组织生存和发展的基础，故而社会工作教育、学科及实务就没有了存在和发展的理由。20世纪80年代以来，改革开放和市场经济体制的建立使我国进入了史无前例的快速工业化时代，社会工作教育、学科及实务也由此获得了恢复重建和快速发展的条件。正是在这一背景下，到21世纪第二个十年，我国已经建立了从专科生到博士生培养的较完整的社会工作教育体系，300多所高校设置了社会工作本科专业，105所高校设置了社会工作专业硕士点，十几所高校设置了社会工作学的二级学科博士点，培养了数十万初级、中级和高级社会工作研究人才与实务人才。与此同时，上海、广东、北京、江苏、浙江等省市的社会工作实务发展迅速，中央政府和地方政府出台了一系列发展社会工作的政策性文件，我国的现代社会工作制度初步建立起来，社会工作服务机构如雨后春笋般地涌现并壮大起来，中国特色的司法社会工作模式、灾害社会工作模式、扶贫社会工作模式以其较高的服务水平和良好的实践效果已在国际上赢得了较高的评价。

尽管我国的社会工作教育和实务已经取得了史无前例的成就，但毋庸讳言的是，仍然存在许多不尽如人意的地方。例如，社会工作专业的社会认知度、认同度还不高，社会工作专业人才的学术认同度和社会地位还不高，从事社会服务的一线社会工作者的薪酬水平还相当低，作为一门专业和学科的社会工作学尚未在我国社会科学学术共同体中获得独立的学科地位。而这些与发达国家及地区形成了相当大的反差。显然，这些问题既有发展环境的缘由，也有社会工作学科自身不完善的缘由。因此，在社会工作教育和社会工作实务快速发展的今天，我们有必要以习近平总书记在哲学社会科学座谈会上的讲话精神为指导，结合我国社会发展和社会治理创新的实践，以及发达国家及地区社会工作学科发展的成功经验，来总结、讨论和研究我国社会工作学科建设的经验、问题及未来走向。可以说，这一工作对于我国社会工作的可持续发展乃至国家治理创新、社会发展都具有重要的现实意义和历史意义。正因为如此，中国人民大学副校长洪大用教授和《社会建设》编辑部提出专门研究社会工作学科建设和发展的建议之后，迅速获得了许多知名学者的积极响应。

二、现今社会工作学科建设的主要议题

我们不难发现，下列五个主要议题是学者们非常关注的，也是现今我国社会工作学科建设面临的重要议题。

第一，社会工作学科建设的内涵和要素。结合多位学者的意见，笔者认为，作为学科的社会工作至少包含这样一些要素：独立的学科地位，具有创新能力的学术或理论研究动力和评价机制，能够引领和促进社会工作教育、社会工作服务、社会治理创新实践的理论体系和学术话语，符合国际规范和本土特色的专业设置、课程体系、专业教材及实习教育基地，一定规模且高标准的教学与研究队伍，若干专业的社会工作学术研究及教育研究的刊物。

第二，加强社会工作学科建设的缘由。对此，李迎生、刘梦两位教授结合对习近平总书记在哲学社会科学座谈会上的重要讲话

的学习发表了他们的意见。他们认为,社会工作不仅是一门专业,还是一门学科。它既涉及专业知识的传授,也涉及理论、学术的研究;既涉及人才培养的问题,也涉及理论对社会工作教育、实务和政策的指导。我国社会工作"教育先行"的历史和现状是,社会工作先有专业和专业教育,后有社会工作实务和社会工作政策,而社会工作的学科地位尚未确立或尚未清晰。因此,明确社会工作的学科地位,是加强社会工作学科建设的重要条件。加强社会工作学科建设,构建中国特色、中国风格、中国气派的社会工作学科体系,既关乎社会工作专业发展和人才培养,也关乎中国特色社会工作理论和学术体系的建设,以及我国社会工作学科的国际地位和国际话语权的建设。

第三,我国社会工作学科建设目前存在的主要问题。对此,学者们都不约而同地进行了论述和分析。归纳起来,主要有这样两大问题:一是社会工作的学科属性不清,尚无独立的学科地位。在国家的学科目录上,社会工作归属于社会学下面的二级学科;在国家社会科学基金规划项目上,社会工作属于"社会学其他学科",每年立项的项目占比极小,一般不到10%。二是虽然高校的社会工作专业数量、教师数量和学生数量已经远远大于社会学专业的相应数量,但高校、学术机构以及政府人事部门对社会工作专业的研究人员、教师及毕业学生的评价没有独立的科学标准,一般沿用社会学的标准,导致社会工作学科(专业)处于弱势地位,也使得高校和学术机构的管理者、政府管理部门、社会工作教研人员乃至学生等对该专业的认同度不高。虽然从历史和学术的角度来看,社会工作与社会学有着天然的联系,我国社会工作专业的恢复与重建也晚于社会学的恢复与重建,而且我国的社会学家们也曾经对社会工作专业的发展发挥了无可替代的鼓与呼的作用,但毋庸讳言的是,学科地位问题不解决,不利于社会工作的研究、人才培养及人才使用,也必然会影响社会发展、社会建设和社会治理的实践。

第四,社会工作学术创新与社会工作学科建设的关系。对此,王思斌教授从四个方面阐述了自己的见解:一是学术创新的必要性与可能性,二是学术话语的创新,三是人才培养的创新,四是创新路径的选择。他认为,社会工作的学术研究既要为现实服务,又要引领实践、总结经验和创造知识。从理论和现实的角度看,我国的社会工作需要学术上的创新。同时,我国与西方发达国家发展社会工作的社会经济背景、福利制度、文化传统不同,面对的问题和解决问题的制度结构及方法过程也不尽相同,具体的社会工作实践也有差异,在此基础上进行学术创新是可能的。从创新的内容来看,我国社会工作的创新包括概念、知识体系、实践经验和模式的总结与提炼等方面。作为后发国家,中国经验和模式的提炼本身就意味着创新,对于广大发展中国家发展社会工作教育和实务无不具有重要的参考价值。而基于我国本土文化与成功经验的理论及知识创新对于国际社会工作发展、国际学术对话的意义也是显著的。

第五,社会工作专业能力建设与社会工作学科建设的关系。关信平教授着重从人才培养的角度阐述了社会工作专业能力建设的意义。在他看来,目前社会工作的学科地位、社会认同度等问题的存在都与社会工作人才专业能力不强有着密切的联系。专业社会工作要想获得良好的发展条件,必须在综合实力上超越非专业社会服务。专业社会工作自身要"练内功",靠自己的努力,拿出真正的本领,使政府和社会承认其不可替代性或高性价比。为此,我们要做好以下工作：一是重点发展适应我国特点的社会工作理论体系；二是加强以实务能力为本的社会工作教育，注重积累学生从事直接服务的实务经验以及培养学生熟练运用法规与政策的能力；三是加强和优化社会工作的价值伦理教育。

三、社会工作学科与社会学学科之关系的再认识

上述社会工作学科建设的五个议题无疑是重要的，学者们的论述和解释也是极富价值的。为了更好地认识社会工作学科建设的重要意义，笔者觉得有必要将上述观点做进一步的引申和发挥。

一是关于社会工作学与社会学的学科属性。与政治学、公共管理学、心理学等学科不同的是，社会工作学、社会学的研究对象和适用对象都是社会或者社会这一领域，如"社会""社区""社会结构""社会秩序""阶层或社会分层""社会组织""社会干预""社会服务"等概念，都是两个学科之间的通用概念。这一现象表明了两者之间的共性和天然的、密不可分的学术联系。但是，两者学科属性的差异也是非常明显的。这主要体现在，社会学是一门解释性的科学，以解释社会现象、社会问题等社会事实及政策建议见长，属于理论建构的学问；社会工作学是以实践为本的融科学知识和社会服务艺术为一体的学问，兼具理论建构和实践建构两大功能。同样是解释和建构，社会学偏重于宏观和中观的社会，社会工作学则偏重于中观和微观的社会。在学术研究取向上，社会学注重参与式研究的方法和行动研究的价值取向，但两个研究常常是分离的、互不相关的；社会工作学则基于实践为本的理念，更注重参与式研究与行动研究的结合，即在参与式行动研究过程中，既注

重理论研究,又注重制度、组织、政策及文化的建构和服务人群的变化。可以说,这是两者学科属性和特征上的大差别。从这个意义上来说,社会工作学追求自己独立的学科地位既是合理的,也是必要的。

二是关于社会工作学与社会学的学科地位。单从理论上而言,在社会科学的学科共同体中,学科之间并没有学科地位的高低和贵贱之分,有的只是差异和联系。但事实上,由于学科之间在研究和从业人员数量上的差异以及参与实践、影响政策及人群的强度不同,又有着“显学”和“隐学”之分。如果从这个角度来看,社会工作在国内外都明显属于“显学”的范畴。例如,西方发达国家高校的社会工作学院都是独立的组织建制,而社会学的组织建制则是人文学院或文理学院下属的一个系;社会工作学院的教学与研究人员的数量往往数倍于社会学系;社会工作学院的办公场所往往是一栋楼或两栋楼(类似于商学院、法学院),而社会学系的办公场所则要小很多;社会工作专业的学生每年的学费也是数倍于社会学专业。又如,我国高校社会工作的专业数量(含研究生专业)、学生数量和教师数量目前已经远超过社会学专业,且两者之间的这种数量差还在继续扩大。指出这一事实也是想用来说明,社会工作学追求自己独立的学科地位既是合理的,也是必要的。

三是关于社会工作学科建设的基本路径。在学科定位上,我国需要通过有计划的、渐进性的工作,建立有别于社会学的、作为一级学科的社会工作学科。这并不是说要让社会工作学完全摆脱社会学。事实上,从学术关系的角度看,这种“完全摆脱”既无可能也无必要,甚至是有害的。考虑到我国社会工作学发展的历史、社会学家们对社会工作发展曾经的鼎力支持,考虑到社会学一般理论、研究方法对于社会工作学的科学价值,考虑到我国社会工作学术研究相对不成熟,社会工作学科应该暂时继续在社会学学科的框架内发展。至于这个“暂时”究竟多长,一看国家的需要,二看社会工作的学科成熟度。在这一发展阶段,在学科体系的设置方面,在国家和地方社会科学基金的立项、专业评价标准、专业学术刊物建设乃至国家和地方的社会学会建设等方面,社会学都应该充分考虑社会工作的学科特性并予以合适的调整或支持。与此同时,社会工作学人必须加强学术研究,以高质量、大数量的学术成果在社会学领域不断提升自己的学术话语能力,赢得学术话语权。

理论自觉与实践建构：社会学、社会工作的学科使命[①]

徐永祥

一

社会学、社会工作学是两个既有自己的个性特点，又关系紧密的学科。在欧美发达国家，尤其是在美国，社会工作学科是一个独立于社会学的学科，更强调与社会福利学、医学、心理学的联系，其规模（研究人员、科研课题的数量和体量等）也远远大于社会学。在中国，社会学、社会工作学自诞生以来就是天然、内在联系在一起的学科，且两者都重视与其他学科（包括自然科学、经济学、社会福利学、医学、心理学等）的联系。虽然中外有着不少差别，但社会学、社会工作学科的共同点也是明显的，即都是工业化和市场经济的产物，都是以"社会"为中心，研究和解决市场经济条件下的社会问题、追求社会秩序与团结、实现社会公平正义、提升人民群众福

① 本文曾发表于《探索与争鸣》2018 年第 12 期，此次收录略有修改。

祉的学科门类。

可以说,市场经济以及市场经济条件下的工业化,是社会学、社会工作学赖以生成和发展的客观基础。市场经济和工业化的进程及其成熟度,决定了一个国家社会学、社会工作学及社会工作服务体系的发育和发展程度。早在20世纪初叶,伴随着近代工业和市场经济在我国的初步发展,社会学和社会工作学科就在上海、北京、南京等地的一些高校逐渐兴起。1914年,上海沪江大学最早设立了社会学系,开设社会学课程。1917年,沪江大学社会学系又最早开设了社会工作课程,同年在上海杨树浦地区(现杨浦区)开办了中国第一家社区服务机构——沪东公社(英文为Yangshupu Social Center)。之后,燕京大学、金陵大学、中央大学等纷纷建立社会学科,并开设社会工作课程。在这一过程中,一些社会学者和社会工作学者深入城市和乡村开展社会调查或社会服务,取得了一批研究成果,涌现出了费孝通、雷洁琼等社会学家、社会工作学家。但毋庸讳言的是,那时我国市场规模还极其狭小,市场经济的体系尚未建立,农业社会的特质并没有发生根本性的变化,加之战乱频仍,故1949年之前的中国社会学、社会工作学始终难以发展壮大,学科规模极小,专业人才极少,对现实的政治、经济与社会的变革和发展所产生的影响可用“微乎其微”或“微不足道”来概括。

中华人民共和国成立以后,我国高校在20世纪50年代初的院系调整中逐步取消了社会学、政治学等学科和专业,有关教学与科研人员也相继被安置到其他专业。这一现象的表层原因在于,当时管理层对社会学阶级属性的认识不无偏差。但深层的原因在于,20世纪50年代我国在工业化和社会改造中逐步取消了市场经济制度,建立了计划经济制度和“单位人”的社会福利与管理体制,客观上消解了社区、社会组织等存在的基础，也消解了社会学、社会工作学等学科生成与发展的客观条件。

1978年，我国开启了举世瞩目的思想解放和改革开放的伟大进程。1978—2018年，这是我国从计划经济迅速转变成市场经济的40年，是从农业社会迅速转变为工业社会、后工业社会的40年，也是人民日益富裕的40年。正是在这一历史背景下，社会学、社会工作学等社会科学获得了重建与发展的客观基础、内生动力及机遇，并且在社会发展和社会建设的进程中发挥着越来越重要的作用。

二

改革开放赋予了我国重建、发展社会学和社会工作的必要条件。早在改革开放之初，邓小平同志就做出了恢复与重建社会学等学科的重要指示。1981年以后，少数高校开办或重建了社会学专业。此后重建社会工作专业的呼声日益高涨，教育部于1988年批准了北京大学、吉林大学、中国人民大学试办社会工作专业。不过，在1993年之前，我国的改革开放具有“摸着石头过河”的鲜明特征，在顶层设计上对改革开放的价值取向——计划经济还是市场经济——一直游移不定，故而经济体制改革并未涉及政企关系和企社关系，计划经济制度及“单位人”的社会管理体制并没有根本性的突破。在这种情况下，社会结构与社会分层的变化尚不明显，社会学、社会工作学的研究需求和人才需求尚未凸显，高校对设置社会学、社会工作专业的动力明显不足，开办此类专业的高校屈指可数，社会学和社会工作整体上还属于知晓度极低的“冷门学科”。

1992 年邓小平南方谈话吹响了再一次解放思想的号角。紧接着,1993 年 11 月中共十四届三中全会通过了《中共中央关于建立社会主义市场经济体制若干问题的决定》。自此以后,我国进入了以建立市场经济体制为目标的改革开放新阶段,“单位人”的社会管理与社会福利体制也随之走向瓦解。经济体制改革的深化、市场经济的快速发展、“单位制”的瓦解,使得我国社会结构快速分化。

社会层面的这些新变化呼唤着新的社会组织、新的社会服务以及专业的社会支持,以加强市场经济条件下的社会团结和社会建设,从而为社会学、社会工作的学科建设、理论研究、政策倡导及实践建构提供新的发展机遇和发展空间。正因为如此,1993 年以来特别是进入 21 世纪以来,社会学的学科队伍不断壮大,学科体系日益完善,学科知晓度、社会认同度也日益提高。例如,学科设置已发展到 7 个二级学科——理论社会学、应用社会学、人类学、人口学、民俗学、社会工作、社会管理与社会政策,且已形成从专科、本科到硕士、博士、博士后的完整的人才培养体系。在学术研究方面,社会学、社会工作学关注的课题也几乎覆盖了宏观社会、中观社会、微观社会等所有领域的发展和问题,如社会变迁与社会发展、社会建设与社区建设、社会治理与社区发展、城乡差别与融合、社会组织、社会服务、社会分层、社会结构与社会流动、贫富差距、反贫困与脱贫攻坚、婚姻与家庭、儿童与妇女、老龄化问题、弱势群体问题(如农村“三留守”人群、困境儿童、残疾人、农民工、失业职工)、犯罪与特殊群体问题等。

可以说,改革开放以来,我国社会学和社会工作的研究领域及其成果,是以往任何时代都无法比拟的。它在解释我国改革开放以来的社会现象、研究与解决现实社会问题、倡导社会公平正义等方面，正在发挥着愈益重要的科学研究功能。值得重视的是，与哲学、政治学、公共管理学等学科相比，以及与社会学学科内的其他二级学科相比，近20年来，社会工作学科全面、深刻、系统、正向地影响了我国社会建设与社会发展的进程，在为中央和地方党委、政府提供决策咨询，推动社会管理和社会治理创新，倡导社会政策和发展社会组织，建构社会服务体系及社会政策等方面，发挥愈益重要的实践建构功能。此外，两者也为我国的社会发展培养和储备了一大批研究人才、建设人才和治理人才，为国内外各界人士认识中国社会的变化与发展提供了重要的学术文献。

三

中国社会学、社会工作学在短短的40年里之所以获得这么快的发展，关键在于不断地走向学科自省、理论自觉和能动建构。

回顾20世纪80年代到90年代初期，我国社会学、社会工作学的主要工作是翻译西方社会学和社会工作的经典著作，介绍西方的理论和方法，尝试运用西方的理论和方法来解释我国的现实社会问题，这是当时流行的研究倾向。这种不加区别的“拿来主义”无法真实地反映和解释问题的本质所在，往往给人以隔靴搔痒之感。到了20世纪90年代中后期，随着我国改革开放的深入，社会学界开始了学科自省或学科反思。社会学家费孝通最早提出了“文化自觉”[1]，虽然这个概念在他的解释中还比较含糊，但其蕴含的新思想、注重对传统文化挖掘的主张是极其宝贵的指引，促使着越来越多的学者开始了学科自省和反思。到了21世纪初,社会学家郑杭生进一步提出了“理论自觉”的命题,倡导与鼓励对“传统资源”做出自己的理论开发,对“西方学说”做出自己的理论借鉴,对“中国经验”做出自己的理论提升。[2]

正是在“文化自觉”特别是“理论自觉”命题的启示下,我国社会学、社会工作学的学科自觉性和学科主体性越来越强,其突出表现为不再满足于简单运用西方的理论来解释中国的现实问题,而开始注重对社会现象和社会实践进行自己的理论提升和理论建构。例如,20世纪90年代对“单位制”“农民工”以及“社区建设”“文明社区建设”“社区管理创新”的理论阐释和建构,进入21世纪以来对“社会建设”“社会体制及社会体制改革”“社会治理”“社会组织”“社会服务体系”等概念和理论的阐释与建构。这些概念和理论都是中国社会学理论自觉后所取得的原创性贡献,也是世界社会学共同体内中国话语的有力表征。

马克思主义强调自己的理论不仅要解释世界,而且要改造世界。这就决定了在马克思主义的指导下,中国社会学、社会工作的理论自觉和实践建构具有内在的逻辑关系。除了创新意义上的理论建构和学术话语建构之外,也必然表现在实践层面上的政策倡导和社会建构,即通过学者们的理论创新去推动社会领域的制度、体制、政策、组织和社会服务体系等的创新与建构。在这个方面,具有行动科学特征的社会工作就是非常典型的案例。21世纪以来,社会工作学者们通过“参与式行动研究”,即作为集理论研究者、政策倡导者和实践参与者于一体的角色,先后在沿海地区、内陆地区和西部地区,经由专业社会工作服务的引领,成功地推动了新的社会服务体系的建构,改变了管理层以往对民间组织(现在叫社会组织）的担忧性认识，推动了社会管理和社会治理的创新，促进了社会组织的发展和基层政府社会职能的逐步转变。

可见，在40年的改革开放进程中，市场经济取向的经济体制改革实践是中国社会学、社会工作得以重建发展的最深刻的客观背景，而理论自觉和实践建构则是当代中国社会学、社会工作得以发展壮大的根本动力所在。也正是有赖于这种理论自觉和实践建构，中国社会学、社会工作才得以初步建立起具有中国特色的和实践功能的能与国际对话的理论体系、实践模式。

四

今天，我们迈入了中国特色社会主义的新时代、新征程。站在历史的新起点上去展望未来，社会学和社会工作学界的历史使命就在于，以习近平中国特色社会主义思想为指导，践行理论自觉与实践建构的责任，进一步推动理论与学术创新，以更好地解释、反映和服务我国的社会发展、社会建设和社会治理实践，更好地服务于提升我国软实力与国际话语权的任务。以下几个方面当是新时代中国社会学、社会工作理论自觉与实践建构需要重点思考的话题。

第一，立足于我国社会主要矛盾的变化去认识我国经济、政治、社会三者基本关系格局的变化。1978年，邓小平根据我国将长期处在社会主义初级阶段的基本国情、和平与发展的当今时代主题，立足于我国社会的主要矛盾是人民日益增长的物质文化需要同落后的社会生产之间的矛盾，提出了建设有中国特色的社会主义道路的历史命题。在总结以往“左倾”错误教训的基础上，在找国还没解决好人民温饱问题的情况下,邓小平及时指出全党全国的工作重心必须转移到经济建设上来。此后,经济建设便被确立为我国改革开放和现代化事业的中心,而其他领域则需要围绕经济建设这个中心展开,或者说服务于经济建设这一中心和大局。问题在于,经过40年的改革开放和现代化建设,在我国人民日益富裕起来、教育文化水平日益提高的今天,经济建设作为我国现代化和发展格局的中心,是否有必要做出适当的调整?经济增长、社会发展、民主法治三者之间发展不平衡的结构是否具有可持续的能力?社会学和社会工作学的社会发展理论该如何来回答这些问题、解释这种可能的调整?

笔者认为,要回答好这些问题,必须做到以下几点:一要深刻领会习近平的一系列论述,特别是关于主要矛盾转化和以人民为中心的论述;二要深刻总结改革开放以来的发展经验;三要考虑到中国在国际上的地位及中国话语权的提升需要。习近平总书记在党的十九大报告中明确指出:"中国特色社会主义进入新时代,我国社会主要矛盾已经转化为人民日益增长的美好生活需要和不平衡不充分的发展之间的矛盾。""必须始终把人民利益摆在至高无上的地位,让改革发展成果更多更公平惠及全体人民,朝着实现全体人民共同富裕不断迈进。"据此,笔者提出这样一个可供讨论的观点,即应该将"以经济建设为基础、以社会发展为中心、以民主法治为保障"作为今后改革开放和现代化进程的主线。这里的逻辑在于,经济建设是决定社会发展和政治建设(民主法治建设)的前提和基础。"基础不牢,地动山摇。"然而,经济建设或经济增长并不是根本目的,而是为了社会的更好发展,为了更好地服务于人民美好生活的愿望与追求。政治建设抑或民主法治的发展则是经济建设和社会发展的必要保障。在经济建设、政治建设、文化建设、社会建设和生态文明建设的关系序列中，经济、政治、社会始终处于核心地位，而文化与生态文明属于技术性、辅助性的序列。不仅如此，文化具有经济和价值双重属性，并不具有实体性地位，其中文化产业部分可归属于市场经济，价值或意识形态部分可归属于或体现于社会建设、经济建设和政治建设的方方面面。

第二，应立足于自己学科的“社会”属性，在研究中国和世界社会问题的同时，做好理论自觉和理论建构的大文章。这里有三个议题尤其需要我们关注：首先，为了更好地解释具体的社会现象、提出解决社会问题的政策建议，我们需要去研究与社会相关联的经济、政治问题，或者说在社会与市场、国家的关系中去研究社会问题和社会现象。但是，这种跨学科的研究不应也不能偏离社会研究的主题，不可做成纯经济学、纯管理学、纯政治学的研究。不可否认，在以往社会学特别是一些分支学科研究中，这种问题确实存在，其结果不仅模糊了社会学的研究对象，而且难以让自己成为被其他学科所认可的“显学”。其次，我们需要更多地关注我国社会结构变化的“社会事实”，加强对以往社会学比较忽视的“体制内”人群和“体制外”人群的研究，包括他们遇到的特殊的社会问题（如社会分层、社会隔离、群体关系）及其所需要的社会政策、社会支持、社会团结等。最后，根据我国的具体国情和各地发展不平衡的现实，参照而不是照搬西方的理论和方法去研究我国的社会问题和社会现象。例如，社会分化、社会分层、中等收入、贫富差距等问题的研究及基尼系数的运用，简单照搬西方已有的理论和模式难以给出科学、准确、令人信服的解释，必须结合我国的房地产政策及房产的价格变化来研究。因为这是制约当今我国各社会阶层及相关社会问题的一种决定性的常量和变量，也是制约我国走出“中等收入陷阱”的极其重要的因素。

第三，应立足于自己学科的“社会”属性，致力于实践的建构，即在实践中推动社会建构、社会进步与社会发展。社会学、社会工作的本质是实践的，这种实践品格决定了它们不仅在于解释世界，还在于改造世界。在中国特色社会主义的新时代，首先，我们要继续深入地推动社会体制的改革，积极建构政社分开与合作的新体制。经济体制改革的核心是政企分开和社企分开，以培育和发展能够参与市场竞争的各类市场主体，发挥市场在资源配置中的决定性作用。这是40年改革开放的一条主线。然而，社会体制改革在实践中至今尚未破题，政社分开与合作的主体尚未全面、清晰地形成，社会和社会组织的活力发挥得并不理想。我们应该承认，这些问题与包括社会工作在内的整个社会学界的理论忽视或研究投入较少不无关系，至今未能进入社会学研究的主流。因此，加大对社会体制改革的研究，探讨这一改革的内核、动力、要素、路径、关系、意义及影响，既是理论自觉、理论建构的应有之义，也是能动性社会建构的前提。其次，我们要立足理论与实践的相互影响，积极参与社会治理的创新实践，切实推动政府社会职能的转变，帮助基层政府提升治理社会的能力和各类社会组织、社区居委会从事社会治理的能力，注重以理论引领创新实践，在实践经验中提炼和升华理论。最后，我们要以理论研究和行动参与积极推动社会的再组织化，建构和完善市场经济条件下人民群众所需要的社会服务体系，在法治的基础上促进社会公平、社会正义和社会团结。

参考文献

[1] 费孝通.试谈扩展社会学的传统界限[J].北京大学学报(哲学社会科学版),2003(3):5-16.

[2] 郑杭生.学术话语权与中国社会学发展[J].中国社会科学,2011(2):27-34.

我国社会工作教育的历史轨迹与范式转向[1]

闵 兢 梁祖彬 陈丽云 徐永祥

我国社会工作教育至今已经走过了近百年历程。我国社会工作教育的发展变迁和历史轨迹，既是观察社会总体时代性与结构性特征的窗口，也是在不同历史环境中社会工作发展不同范式的产物。基于此，我们尝试将中国社会工作教育的发展置于结构转型与社会建设的宏大背景中，并结合中国社会工作发展的阶段性范式，采用“社会史”的方法，将其划分为三个主要历史发展阶段：1917—1949年为第一阶段，1987—2005年为第二阶段，2006年至今为第三阶段。这不仅有助于我们更深入地挖掘社会工作发展的中国土壤，而且可以帮助我们厘清中国社会工作教育发展的未来走向，对于建构新时代社会工作具有积极意义。

一、结构功能主义范式下社会工作教育的专业性强调

社会学和社会工作发展的历史，对社会工作教育的发展轨迹发

---

① 本文曾发表于《社会建设》2019年第5期，此次收录略有修改。

挥着至关重要的形塑作用。学术界对于社会工作本质的探讨,大致可以概括为两大主导分析范式:结构功能主义范式和社会建构主义范式。结构功能主义范式强调社会工作的专业性、助人性和科学性,社会建构主义范式强调社会工作的政治性、本土性和情境性。[1] 19世纪末,随着市场经济和工业化在西方国家的快速发展,以解决贫困问题为主旨的慈善事业开始向以解决社会问题为导向的专业社会工作转变。1917年,美国社会工作的先驱者玛丽·埃伦·里士满的《社会诊断》一书的出版,标志着作为一门科学和艺术的社会工作学正式诞生。在近50年的发展历程中,西方社会工作经历了非专业化、初步专业化、高度专业化等蜕变过程,具备了专业价值、伦理操守、系统理论、实践技巧等一系列专业性要素[2],而这一阶段也正是结构功能主义逐渐占据西方社会学界主导地位的历史阶段。结构功能主义重点考察社会系统的稳定与平衡机制,强调维持系统的各个组成部分对维持系统稳定所发挥的作用。社会工作作为一种专业的助人活动,在个体层面发挥着人格塑造、情绪调节及行为转化功能,在群体层面发挥着目标指向、规范约束和价值整合功能,在宏观层面发挥着社会整合和社会导进功能,从而成为维持社会结构稳定和社会秩序平衡的重要力量[3]。随着第二次世界大战后社会问题的加剧和社会需求的增加,以专业性为主要功能色彩的社会工作也成为解决社会问题、提供社会服务的重要技术。

在中国,这一时期的社会工作教育具有特殊的历史背景,其最初是经由教会传教慈善事业引入的,因为"通过社会服务的方式培养符合基督教精神的年轻人进度缓慢,于是开始倡导对年轻人进行现代教育,而最接近基督教的高等教育是社会工作教育"[4]。1908年,上海圣约翰大学通过社会学项目将一批美国教师引入中国,社会工作教育也随之引进。基督教青年会(1895年成立于中国)在其秘书长约翰·伯吉斯的领导下,于1912年在北京创办了学生社会服务组织——社会进步俱乐部。1914年,在美国传教士丹尼尔·哈里森·葛学溥的带领下,上海沪江大学设立社会学系,并开办了沪东公社。沪江大学的师生以此为基地,通过社会教育与社会实践的方式服务地方。1918年,在洛克菲勒基金会的资助下,北京协和医院成立了宗教和社会服务部。1922年,基督教青年会和普林斯顿大学的其他传教士一起,在燕京大学创立了社会学系,并于1925年改称为"社会学及社会服务学系",开设了个案工作、团体工作、社会行政等一系列社会工作专业课程,协和医院则为北京大学社会工作专业学生提供实习基地。到20世纪30年代,中国共有12所教会大学在社会学系内开展社会工作教育。在这一历史阶段,中国社会工作教育的主要功能是,为西方传教士发起的以大学为基地的社会项目提供训练有素的专业人才。为了保证专业性与科学性,大学内的社会工作课程最初由来自美国的传教士教授,后来则由在美国接受过教育的当地教师教授,其课程体系、理论基础和知识内容基本上都仿效西方而来,也体现了当时中国教育界的专业理想主义倾向。有学者批评说,面对西方庞大的社会工作理论体系,中国社会工作教育过于照搬国际标准,其课程设置与设计基本上采用全盘模仿的手法,未经"本土化"过程便直接植入中国社会。[5]

二、建构主义范式下社会工作教育的本土化探索

中华人民共和国成立后,计划经济体制和"单位制"社会制度

消解了社区、社会组织和社会工作生存与发展的基础，国家承担了几乎所有的社会事务和社会服务，社会工作教育也随之中断。1978 年，党的十一届三中全会的召开标志着中国进入了现代化建设的新阶段。伴随着改革开放政策的实行和社会主义市场经济体制的确立，我国社会工作的恢复和发展也迎来了新的契机。1983 年，民政部成立全国干部培训学院，组织学员外出学习社会福利服务的设计和运作。1985 年，《中共中央关于教育体制改革的决定》的颁布实施，为社会工作教育的恢复重建提供了机遇，民政部成为社会工作教育的开拓者和领军者。1987 年，民政部在北京市马甸桥旁的北京对外经济交流中心大厦举办了社会工作教育发展论证会（史称马甸会议），这次会议重新确认了社会工作专业的学科地位，促成了社会工作专业的重建。

20 世纪 60 年代末期，随着西方国家稳定和进步的社会局面遭到冲击，以整合和秩序为研究旨向、对社会变革缺乏足够解释力的结构功能主义开始走向衰落。1966 年，皮特·伯杰和托马斯·鲁克曼的《现实的社会建构》一书的出版，标志着社会建构主义进入了理论殿堂。社会建构主义认为，某些领域的知识并非实证主义所坚持的那样具有统一性，而是社会制度、社会文化和社会实践的产物，在实践中，社会工作更加需要用到的是地方性、族群性的知识[6]。因此，立足于中国本土，挖掘和建构本土性社会工作，成为社会建构主义范式下发展中国社会工作的必经之路。作为社会工作教育的发源地，西方国家几乎不存在社会工作的本土化问题，因此，如何在中国建构社会工作教育的本土化道路成为我们必须自主探索的重要议题。所谓本土化，主要是指社会工作教育从西方输入中国后，面对中国特定的政治、经济和社会特征，不断适应、变化、调整,逐渐落地生根的过程。改革开放后,民政部、教育部等政府部门和社会工作专家成为社会工作教育本土化进程中重要的探索主体和建设推动力。1988 年,北京大学、吉林大学、中国人民大学在民政部的支持下率先设立“社会工作与管理”本科专业,这也标志着社会工作教育在我国的全面恢复和重新启动。同年,亚太区社会工作教育协会(APASWE)与北京大学合作举办了社会工作教育国际会议,参会者包括来自妇联、共青团、工会等干部培训学院的教授和其他对社会工作感兴趣的高校社会学系教师。此次会议也被描述为中国社会工作教育工作者与西方同行的一次破冰式接触。1991 年,在民政部的领导下,中国社会工作协会(现中国社会工作联合会)成立并于次年加入国际社会工作者联合会,成为正式会员。1994 年,在教育部的支持下,中国社会工作教育协会(CASWE)成立,这是一个以推进社会工作教育和专业社会工作发展为目的的非营利组织。在凯瑟琳基金会的资助下,中国社会工作教育协会负责举办社会工作会议、外出考察学习、教科书出版及师资培训工作。在这一阶段,社会工作教育界与民政部门的携手探索,将社会工作教育以干部培训为主体的教育性质转变为以普通高等教育为主的学院化教育,培养生源也从职工群体转向大学生群体。社会工作专业教育、社会工作教育课程设置、社会工作教材编写、社会工作教学方法与实习等议题相继出现[7]。在雷洁琼、袁方、王思斌等社会工作专家的推动下,到了 1999 年,开展社会工作教育的高校增至 39 所。

与西方国家自下而上的由社会需求催生的渐进式发展不同,自上而下的顶层推动与政策吸引是中国社会工作教育本土化探索的独特路径。1998 年,教育部颁布新修订的《普通高等学校本科专业目录》,将社会工作专业从“控制发展”专业调整为“非控制发展”专业。伴随着1999年高校扩招政策的实施和教育部对本科专业审批权的下放,设置社会工作专业的院校数量迅猛增加,从1999年的39所增至2005年的100余所,主要集中在东部发达地区和大中型城市。2004年,《社会工作者国家职业标准》出台,并在上海试点。上海的先锋作用渐渐辐射到珠三角、长三角等经济发达地区,带动了社会工作教育由点及面的全方位发展。社会工作的教育目标与本土化发展道路成为教育界关注的重要议题,如何在中国社会工作发展情境中探索解决西方经验在中国水土不服的问题,在社会建构主义范式的框架下,师资队伍的本土化建设、教材与专著的本土化生产和社会工作机构的本土化孕育成为这一阶段的解决方案。

社会工作教育规模的迅速扩张带来的第一个难题就是师资匮乏。虽然从发达国家及地区也引进了部分专业教师,但对于蓬勃发展的社会工作教育的旺盛需求来说可谓杯水车薪。为了弥补师资数量的缺口,中国众多高校从社会学、历史学、政治学、教育学、心理学等其他学科调配了师资,通过短期培训、学术交流、“自学成才”及“边学边教”等方式进行学缘结构再造和专业背景重构。由于地理位置的接近和语言交流的便利,很多教师前往我国香港攻读社会工作博士学位。同时,这一阶段我国香港高校与内地合作开展的交流培训活动在师资队伍的本土化建设领域发挥了重要作用。例如,香港理工大学于1993年和1995年培训了来自北京大学、民政管理干部学院、青年政治学院及妇女管理干部学院的十余名教师。2000年,香港理工大学与北京大学联合开办了全国第一个专业社会工作硕士课程,之后培养了一批发展中国社会工作的领军人才，并借此建立适合中国国情的本土化社会工作理论及实践模式。[8] 2001 年，香港大学和复旦大学合作，开设了社会工作及社会服务与管理两门硕士课程，这也是第一个在教育部注册的由香港大学的机构实施的社会工作培训项目。

在过去数十年的发展中，发达国家及地区的经验成为我国社会工作教育的重要借鉴对象，这一方面帮助我们能够在较短时间内通晓“国际通则”，另一方面也遭遇了水土不服、问题集中凸显等挑战。从 20 世纪 80 年代开始，周永新教授带领香港社会工作教师和社会服务人员不断地开展培训和交流。由于缺乏中文教材和本地案例，早期我国内地社会工作教育所用参考书大多来自我国香港地区和国外。早在 20 世纪 90 年代初，便有专家提醒中国社会工作教育要“摸索适合中国国情、可解决中国社会当下实际问题的本土化方案”[8]。2000 年，中国社会迈入“全面建设小康社会”的历史阶段，转变政府职能与社会管理体制，发展公共服务和社会服务成为社会的主要需求。在这一背景下，社会工作与社区建设相结合的社会实验初步展开，社区服务成为中国社会工作实践较早的领域之一。相应地，以社区发展为主题的教科书开始陆续出版，其中，以华东理工大学出版社出版的徐永祥编著的《社区发展论》为代表的一系列社区工作与社会工作干预领域的教科书，体现了将西方社会工作理论与中国本土经验相结合的初步尝试。

在我国社会主义市场经济初步发展的时期，社会工作教育的先行发展具有“先知先觉”的作用，为“单位制”的瓦解和市场经济条件下的社会建设提供了一定的理论支持，也预先储备了一批专业人才。然而，由于缺乏公众认可的社会基础和系统、明确的职业载体，“教育先行”成为这一阶段中国社会工作发展和社会组织孕育的重要特征。上海成为这一历史阶段的“孤独领跑者”。2003年,我国第一家非政府性质的专业社会工作服务机构——上海乐群社会工作服务社在上海浦东新区成立。同年,我国第一家区级社会工作行业协会——浦东新区社会工作协会也在上海成立。在国家社会工作相关政策法规的不断推动下,社会组织和社区建设蓬勃发展,社会工作教师领办社会服务机构成为社会组织本土化孕育的独特尝试。2003年,上海一些高校教师率先开始了领办社会工作机构的探索。紧随其后,深圳、东莞、广州、北京、南京、郑州、武汉等地的高校也相继开办了社会工作机构。从《中国社会工作教育的发展》一书中呈现的数据来看,42.9%的高校开办了社会工作机构。[4]这也是在建构主义范式下“教育先行”的特定历史时期的本土化表征。

三、结构—建构主义范式下社会工作教育与实践的双向推动

如前文所述,结构功能主义强调社会工作的专业性、助人性和科学性,体现了社会工作教育对社会发展所发挥的结构性功能,强调了社会工作教育在不同社会文化环境中的共通性和普适性特征。而社会建构主义范式强调社会工作的政治性、本土性和情境性,彰显的是社会工作教育对于不同社会情境的适应性和建构性功能,强调了社会工作教育在不同社会文化环境中的特殊性和塑造性特征。2006年是我国现代化建设的转折之年。从经济的单向度发展到经济与社会的协调发展,使得我国现代化建设模式及其价值取向发生了重大转变,也为社会工作教育与社会工作实务之间、社会工作理论与社会建设实践之间提供了内在的互动机制和

动力。由于社会体制的转型带来的社会结构的变化,以及社会工作在社会建设中所发挥的能动实践性的增强,单一的结构功能主义范式对专业性的注重或是社会建构主义范式对本土性的强调,都将对新时期社会工作教育的发展有所制约。只有将两种范式融合起来,注重专业社会工作教育与中国社会建设实践之间的双向推动力量,才能在新的社会历史阶段实现中国社会工作教育的理性发展。

2006年,中共十六届六中全会审议通过《中共中央关于构建社会主义和谐社会若干重大问题的决定》,该决定提出要建立宏大的社会工作人才队伍。同年,民政部、原国家人事部联合发布了《社会工作者职业水平评价暂行规定》和《助理社会工作师、社会工作师职业水平考试实施办法》,标志着我国社会工作者作为一种职业类别正式得到了国家层面的制度确认。[9] 2010年,中共中央、国务院印发的《国家中长期人才发展规划纲要(2010—2020年)》将社会工作人才队伍列为国家重点发展的六大人才队伍之一。2011年,中央组织部、民政部等十八部委联合发布《关于加强社会工作专业人才队伍建设的意见》,这是中央第一个关于社会工作专业人才的专门文件,在我国社会工作发展史上具有里程碑意义。这也成为中国社会工作专业教育发展过程中最佳的历史机遇和战略机遇。截至2019年,全国共有348所高校开设了社会工作本科专业,155所高校开设了社会工作硕士专业,20多所高校开展了社会工作博士点教育,社会工作专业人才突破120万人。社会工作教育由此不仅在规模上继续获得大踏步发展,而且在教育层次、质量方面有了明显的提升,对社会建设实践的推动作用越来越明显。

从实务层面来看,社会工作已经从社区逐渐推广到医务、司法、卫生、灾害等各个领域。社会工作教育界多次参与国家重大事件的干预，特别是在2008年的汶川地震救灾中，上海、广东、四川、北京等地高校开展的灾后社会工作服务，有力地提高了党、政府和民众对社会工作的认知度，仅中共中央办公厅和国务院办公厅所发的有关上海高校开展的社会工作服务的内参就达到了30多份。因而2008年也被称为我国灾害社会工作的实践元年。自此，灾害社会工作开始系统化发展，专业队伍愈加壮大，实务经验愈加丰富，理论研究愈加深入，并进一步影响了宏观层面的制度推进与体制建设。2013年，《民政部关于加快推进灾害社会工作服务的指导意见》发布，其提出要制定针对不同类型、不同程度灾害的社会工作应急服务规程与预案。2016年，民政部印发《救灾应急工作规程》，启动“重大自然灾害与突发事件社会工作服务计划”。同年，国务院办公厅印发《国家综合防灾减灾规划（2016—2020年）》。一系列制度层面的推进均体现了社会工作实务在宏观结构层面的政策影响与社会建构功能。

一方面，社会工作教育的发展推动了社会建设事业不断向纵深推进；另一方面，社会治理理念的确立和“政府购买服务”“三社联动”等社会治理实践的开拓，促进了社会工作教育在专业化、职业化和本土化层面的全面发展。在2010年之前，上海、深圳、广州等地陆续尝试在司法、残疾人服务、社区矫正、青少年服务等领域开展政府购买社会工作服务项目，并形成了“政府规划项目，出资委托社会工作机构运作”的“上海模式”，“政府出资购买社会工作岗位，社会工作机构聘用社会工作者派驻相应单位开展服务”的“深圳模式”，以及“以从财政预算、政府采购、合约签订、资金拨付到财务审计一系列财政制度为支持，以街道家庭综合服务中心为平台,对辖区居民提供社会工作专业服务”的“广州模式”[10]。地方政府的探索和创新进一步推动了社会政策的出台。2012 年,《民政部 财政部关于政府购买社会工作服务的指导意见》提出,“各级财政要将政府购买社会工作服务经费列入财政预算”,从而为政府购买社会工作服务长效机制的确立提供了经费保障。政府购买社会工作服务的蓬勃发展为中国社会工作教育提供了鲜活的本土素材,也为社会工作专业学生开辟了大量对口岗位,从而极大地加速了社会工作教育的职业化进程。同样对社会工作教育专业化、职业化和本土化进程发挥催化作用的还有我国社区治理体制创新的重要举措——“三社联动”。“三社联动”是指社区、社会组织和社会工作者之间的联动,强调以社区为平台、以社会组织为载体、以社会工作人才为支撑的联动格局[11]。这也是将社会工作落地于社区,探索社会工作本土化的有益尝试。在“三社联动”这一社会治理新机制中,社会工作者作为重要的专业力量提供专业服务、链接社会资源、进行政策倡导,充分展示了社会工作者作为新兴职业角色在我国社会治理创新实践中的适应性,也提升了社会层面对这一职业的知晓度与认可度。然而,相较于社区和社会组织,社会工作者的主体性力量还比较薄弱,这影响了“三社联动”的集体效能。因此,为了保证三者之间的均衡联动,我们必须大力增强社会工作专业力量,尤其是要加强在地化社会工作专业队伍的建设。在这一形势下,众多高校在社会工作教育的开展中自觉调整人才培养方案,更加注重与区域社会发展需求的对接和对学生实务技能的训练,并实施一系列激励政策以鼓励社会工作专业毕业生参加助理社会工作师、社会工作师职业水平考试,部分地方还专门成立了社会工作人才培训学院,为“三社联动”的良性运行培养、输送专业人才。

随着中国社会工作教育的快速发展和逐渐成熟,国际范围内的学术交流活动也日益频繁。进入21世纪以来,具有社会工作二级学科博士点或社会工作方向博士点的高校几乎每年都会举办各类主题的国际性会议,或派代表到国外参加国际学术会议。2010年,华东理工大学的徐永祥教授作为中国国家代表当选为国际社会工作教育联盟的常务理事和执行委员。2016年,国际社会工作教育联盟理事会首次在中国上海举行。2017年,中国社会工作教育协会和美国社会工作教育协会(ASWE)在北京大学举办了中美“7+7”五年合作总结交流会议……通过一系列的国际交流活动,中国社会工作教育进一步与国际接轨,中国社会工作的影响力也得到了空前的提升。

四、社会工作教育的主要问题及未来走向

从在西方知识输入背景下对社会工作教育的专业性强调,到恢复重建后对社会工作教育的本土化探索,再到经济与社会的协调发展理念下社会工作教育与实践的双向推动,中国社会工作教育的范式也经历了从结构功能主义到建构主义再到结构—建构主义相融合的转向。在过去的十几年中,中国社会工作经历了前所未有的跨越式发展。[12]然而相较于如火如荼的社会工作实践,社会工作教育面临着发展滞后、边缘化和异化的困境。“后生快发”是中国社会工作教育发展的总体特点。[13]从全国范围来看,社会工作教育存在严重的不平衡现象,东部沿海地区和发达省市发展较快,其他地区发展严重滞后。从教育过程来看,教育模式较单一,缺乏

层次性、特色性，导致培养的人才缺乏竞争性，难以适应社会的多样化需求。[14]从人才队伍来看，专业社会工作者的数量距离《社会工作专业人才队伍建设中长期规划（2011—2020年）》提出的“到2020年，我国一线社会工作专业人才总量增加到145万人”的目标尚有一定差距。从人才稳定性角度来看，据全国各省的不完全统计，社会工作者的流失率已普遍接近（部分已超过）20%的人才流失警戒线，青年社会工作者作为推进社会工作发展的主力军，其流失问题却更加显著。从教育质量角度来看，专业认证是社会工作专业教育的重要保障与督导机制。现阶段，我国主要实行政府主导型的高等教育评估制度，认证的权威性得不到保障，认证标准不够科学、系统，认证程序不够合理，阻碍了社会工作高质量职业教育的发展。[15]从职业发展来看，现行的《社会工作者国家职业标准》和《社会工作者职业水平评价暂行规定》更多的是从技术等级发展方向为青年社会工作者做出了粗线条的指引，而在个体的职业生涯发展路径上还缺乏具体的规划，从而影响了社会工作者在可确定、可期待的职业发展路径下建构主体性与身份认同。[9]

虽然面临着上述各种挑战，但我们相信这只是中国社会工作教育螺旋式上升途中的盘整，而这一盘整是为了将来能够有更好的发展。新时代社会工作教育界与实务界的互动、本土化理论创新与社会工作实践的互动，对政府职能的转变、社会组织的发展、新兴社会服务体系的建构以及民众福利水平的提升都发挥了显著的推动作用，社会工作教育发展的前景将会越来越广阔。

党的十九大报告针对我国进入新时代后人民群众日益增长的美好生活需要，在保障和改善民生及社会治理创新方面提出了更高的要求，并专门提出要提高社会治理的社会化、法治化、智能化、专业化水平，要加强社会心理服务体系建设，培育自尊自信、理性平和、积极向上的社会心态。其中既包含了对社会工作专业发展的需求，也蕴含了对了解本土情境、拥有创新思维、具备本土实践经验的高层次社会工作人才队伍的需求。在中国特色社会主义新时代，进一步参与社会治理创新和社会服务创新，推动整个社会的团结与公平正义，助力实现人民群众的美好生活，是社会工作教育界义不容辞的使命。

参考文献

[1] 徐选国.从专业性、本土性迈向社区公共性：理解社会工作本质的新线索[J].社会科学战线,2016(8)：184－193.

[2] 卫小将.社会工作本土化研究之阐述[J].学习与实践,2012(5)：86－91.

[3] 陈成文,孙嘉悦.论社会工作的功能：一个结构功能主义的分析视角[J].湖南师范大学社会科学学报,2011,40(2)：75－79.

[4] 王思斌,阮曾媛琪,史柏年.中国社会工作教育的发展[M].北京：北京大学出版社,2014.

[5] LEUNG J. An international definition of social work for China[J]. Journal of International Social Welfare, 2007, 16(4)：391－397.

[6] 何雪松.社会工作的认识论之争：实证主义对社会建构主义[J].华东理工大学学报(社会科学版),2005(1)：18－22.

[7] 王宇.在市场经济条件下我院社会工作专业课程体系设置原则初探[J].中国青年研究,1994(3)：27－31.

[8] 阮曾媛琪.我和中国社会工作教育一起走过的30年[J].中国民政,2018(23)：57.

[9] 闵兢,徐永祥.青年社工的流失与留驻：从“角色规制”到“身份认同”[J].青年探索,2018(4)：15－23.

[10] 唐钧.政府购买社会工作服务：进展与前瞻[J].社会建设,2015,2(4)：3－15.

[11] 叶南客,陈金城.我国“三社联动”的模式选择与策略研究[J].南京社会

科学,2010(12):75-80.
[12] 向荣.创新、共融、整合:突破当下社会工作教育困境的路径探索[J].中国农业大学学报(社会科学版),2017,34(3):79-89.
[13] 颜翠芳.从专业到职业:我国社会工作教育若干问题探讨[J].社会工作,2008(7):19-22.
[14] 李迎生,韩文瑞,黄建忠.中国社会工作教育的发展[J].社会科学,2011(5):82-90.
[15] 柴定红.社会工作专业认证:美国经验及其在我国应用的反思[J].湖北社会科学,2014(11):53-58.

内 容 提 要

本书收录了徐永祥教授社会工作研究的绝大部分成果，从中我们既能够看到徐永祥社会工作学术思想对中国社会工作发展的重要意义，也能够看出他在中国社会工作学科建设上做出的重要贡献。全书共分为三编：上编为社会工作理论探索，主要是徐永祥在社会工作理论研究上的贡献，体现了他对中国社会工作发展路径以及社会工作理论本土化的学术思考；中编为社会工作实务研究，主要是徐永祥深入社会工作一线实地调研的研究成果，是他“参与式行动研究”学术思想的呈现；下编为社会工作学科建设，主要汇集了徐永祥在社会工作学科建设上的思考，展现了他对中国社会工作学科使命的探索。总之，本书是徐永祥教授在社会工作领域之学术观点、核心理念、理论思想的集合，以及他在社会工作理论上的思考、实践中的探索与教学中的总结。